Serie Literatura y Cultura
Editor General: Greg Dawes
Editora encargada de la serie: Ana Forcinito

Crítica de la razón andina

Carlos Abreu Mendoza
Texas State University, San Marcos

&

Denise Y. Arnold
Instituto de Lengua y Cultura Aymara, La Paz
Universidad Mayor de San Andrés, La Paz

Raleigh, NC

© 2018 Carlos Abreu Mendoza & Denise Y. Arnold

Reservados todos los derechos de esta edición para
© 2018 Editorial *A Contracorriente*

All rights reserved for this edition for
© 2018 Editorial *A Contracorriente*

ISBN: 978-1-945234-10-1

Library of Congress Control Number: 2017941672

Library of Congress Cataloging-in-Publication Data: pending

ISBN-10: 1-945234-10-5 (pbk)
ISBN-13: 978-1-945234-10-1 (pbk)

Corrección y diseño de interior por Diana Torres
Diseño de tapa SotHer

Fotografía de la tapa: Ceremonia de re-inauguración del presidente Evo Morales en Tiwanaku (2015). Cortesía de Radio Panamericana, La Paz, Bolivia.

Esta obra se publica con el auspicio del Departamento de Lenguas y Literaturas Extranjeras de la Universidad Estatal de Carolina del Norte.

This work is published under the auspices of the DEPARTMENT OF FOREIGN LANGUAGES AND LITERATURES at NORTH CAROLINA STATE UNIVERSITY.

DISTRIBUTED BY THE UNIVERSITY OF NORTH CAROLINA PRESS, WWW.UNCPRESS.ORG

Una nueva contribución a un viejo debate / A new contribution to an old debate

Tabla de contenido

Agradecimientos	ix
Tabla de Ilustraciones	xi
Introducción: Crítica de la razón andina Carlos Abreu Mendoza	1
Beyond "*lo andino*": Rethinking Tiwanaku from the Amazonian Lowlands Denise Y. Arnold	25
Carrying Water on Both Shoulders: Material Archives and Andean Ritual in Mid-Colonial Huamanga, Peru Caroline A. Garriott	61
Sobre la noción de lo andino: Ciencia, literatura y consumo Jorge Coronado	95
Gamaliel Churata y esa beligerancia estética conceptualizada como "Andinismo" Elizabeth Monasterios Pérez	115
Interrogating Indigeneity: A Comparative Perspective on Social Change in the Andes and United States Hannah Burdette	137
Sobre los autores	173

Agradecimientos

Como todo volumen editado, el nuestro es un proyecto colectivo que debe mucho al diálogo y a la interacción entre los seis investigadores aquí presentes. Como editores nos sentimos afortunados de haber sido testigos privilegiados de la evolución del proyecto desde el diálogo inicial que tuvo lugar en el congreso de LASA 2014 hasta el momento en que entregamos el manuscrito a la Editorial *A Contracorriente*. Agradecemos a su editor, Greg Dawes, el entusiasmo que mostró por el proyecto desde el primer día y su apoyo y colaboración a lo largo de todo el proceso. Nos gustaría reconocer también la colaboración de Sara Castro-Klarén que participó como *discussant* en el panel de LASA y luego leyó varias versiones de los ensayos aquí presentes, aportando comentarios y sugerencias muy valiosas.

Asimismo, queremos agradecer al Departamento de Modern Languages y al College de Liberal Arts de Texas State University por el auspicio que aportaron para la publicación del libro y, especialmente, a Robert Fischer, chair del departamento de Modern Languages, y Michael J. Hennessy, decano de Liberal Arts, que creyeron en el proyecto y ofrecieron los fondos para financiarlo.

Por último, estamos muy agradecidos a Radio Panamericana en La Paz, Bolivia, por el permiso de usar la foto del presidente Evo Morales en su ceremonia de re-inauguración en Tiwanaku en 2015, en su segunda gestión, para la tapa del libro.

Carlos Abreu Mendoza & Denise Y. Arnold

Tabla de Ilustraciones

Figure 1.1   The re-inauguration of President Evo Morales at the site of Tiwanaku in 2012. Source: http://cdn.elpais.cr/wp-content/uploads/2015/01/Evo-Morales.jpg, p. 37.

Figure 1.2   Guaraníes wait for the Morning Star in the ancestral ceremony of that name. Source: Government of the Autonomous Department of Santa Cruz web page: http://www.santacruz.gob.bo/imagenes_galeria/18062012182026lucerodelalbaenscz4.jpg, p. 39.

Figure 1.3   A feline devouring an anthropomorph on a spoon handle, probably used for measuring psychoactive substances (ca. AD 700-1000). Source: Object 093 (16.3 cm high) in the collection of the Museo arqueológico "R. P. Gustavo Le Paige S. J.," San Pedro de Atacama, Chile, in Llangostera & Torres (1988 [1984], p. 41), p. 43.

Figure 1.4   The San Pedro closed rectangular tunic with a feline above and two-headed serpent below. Source: Quitor-2, n° 1983:15, in the Museo Arqueológico "R. P. Gustavo Le Paige, S. J.," San Pedro de Atacama, Chile, p. 45.

Figure 2.1   The opening page of Talavera's account, displaying the first textual insertion (above the Biblioteca Nacional stamp) and the underlined proper nouns (the three names of the Apu Guamacco), p. 65.

Figure 2.2   The second textual insertion, below the unlinked double lines, displaying a shift in size and handwriting of the text, p. 66.

Figure 2.3 Guaman Poma depicts a Christian-Andean couple holding rosaries and praying before an image of the Crucified Christ. Source: The Guaman Poma website. Digital photography and transcription of *El primer nueva corónica y buen gobierno* 2006 (ca. 1615/2006). Royal Library of Denmark, Copenhagen, "30. The chapter of the indians of this kingdom," drawing 308, p. 821. See http://www.kb.dk/permalink/2006/poma/835/en/text/?open=idp546096&imagesize=XL, p. 70.

Figure 2.4 Indigenous artisans painting a sculpted crucifix, as represented by Guaman Poma. Source: The Guaman Poma website. Digital photography and transcription of *El primer nueva corónica y buen gobierno* 2006 (ca. 1615/2006). Royal Library of Denmark, Copenhagen, "23. The chapter of the parish priests," drawing 267, p. 673. See http://www.kb.dk/permalink/2006/poma/687/en/text/?open=idp460272&imagesize=XL, p. 72.

Figura 3.1 Frontispicio, Rivero y Ustariz & von Tschudi, *Antigüedades peruanas*, p. 98.

Figura 3.2 Lámina LIV, Rivero y Ustariz & von Tschudi, *Antigüedades peruanas*, p. 100.

Figura 3.3 Izcue, detalle de lámina, *El arte peruano en la escuela.*, p. 112.

Figura 4.1 Portada del poemario *Ande*, de Arturo Peralta. Grabado: Manuel Domingo Pantigoso, p. 123.

Figura 4.2 Portada de la primera edición de *El pez de oro* (1957). Diseño: Carlos Salazar Mostajo. Grabado: Timotheo Aliaga, p. 129.

Figure 5.1 Santy Quinde Barrera Baidal. Photo from YouTube. Source: https://www.youtube.com/channel/UCBTV1DOxJwkk5ZTvrOX_zCA, p. 139.

Introducción: Crítica de la razón andina[1]

Carlos Abreu Mendoza
Texas State University

Crítica de la razón andina recoge el intercambio surgido tras el encuentro de 2014 con motivo del 32º Congreso de la Asociación de Estudios Latinoamericanos que tuvo lugar en Chicago. Mi objetivo cuando organicé aquel panel fue invitar a una serie de especialistas con una larga trayectoria en el campo de los estudios andinos y ponerlos en diálogo con investigadores jóvenes. La idea era reflexionar sobre la relevancia de dualismos como centro/periferia y local/global en el pensamiento sobre los Andes, las consecuencias de la centralidad del Perú dentro de los estudios andinos y la vigencia de metanarrativas que articulan la andinidad de la región. Por una serie de circunstancias que impidieron a última hora la participación de algunos de los investigadores presentes en este volumen, el encuentro de LASA no nos permitió dialogar plenamente y la cuestión quedó en el aire hasta que volvimos a retomarla en posteriores conversaciones y nos planteamos organizar esta colección de ensayos.

Al enfrentarse a este libro los lectores tendrán en mente una serie de publicaciones que han abordado la crítica de diferentes "razones" en una obvia paráfrasis de las tres *Críticas* kantianas con el objetivo de deconstruir, refutar o subvertir la razón "latinoamericana" (Castro-Gómez, 1996; Muyolema, 2015), "subalterna" (Mignolo, 2000), "poscolonial" (Castro-Gómez, 1998), "postmoderna" (Mignolo, 1996), "indolente" (de Sousa Santos, 2000/2003), o "decolonial" (Acosta, 2014, 2015). El lenguaje crítico de estos proyectos presenta claros paralelismos con los estudios poscoloniales, siendo *A Critique of Postcolonial Reason* de Gayatri Chakravorty Spivak (1999) la obra que cifra en su título la deconstrucción de la "crítica de la razón" como desafío teórico fundamental de la poscolonialidad. El sentido crítico de esta obra se vuelve explícito desde el comienzo cuando Spivak declara que su objetivo es examinar las estructuras de producción de la razón poscolonial (p. xii). Su propuesta de deconstruir la producción discursiva que componen las grandes narrativas del pensamiento occidental—kantiana, hegeliana y marxista—para su examen de la figura del "informante nativo" implica también el reconocimiento del magisterio de este pensamiento como un paso necesario para poner en práctica una nueva relación con estos textos. Para Spivak se trata de ver "if the magisterial texts can now be our servants, as the new magisterium constructs itself in the name of the Other" (p. 7). En últimas, el objetivo sería desenmascarar la operación por la cual el informante nativo ha sido desplazado de la posición de narrador, definido como está por su carencia y por su incapacidad de ser un sujeto equilibrado que pueda de realizar las operaciones de la razón determinadas por las tres *Críticas* kantianas (pp. 10-37).

Lo que proponemos en este volumen se desmarca de una exclusiva atención a la teoría y va más allá de la reducción de la crítica a un lenguaje que, según Rita Felski (2015), insiste en verbos que desenmascaran un sentido oculto como "interrogar", "desenmascarar", "exponer" o "subvertir" (p. 5). Más que un debate exclusivamente teórico anclado en los paradigmas dominantes de la deconstrucción, el pensamiento decolonial y los estudios poscoloniales, nuestro enfoque propone examinar las distribuciones empíricas, estéticas, políticas y disciplinarias a las que se somete lo andino y que lo llevan a encarnarse en conceptos como andinismo o andinidad. Nos interesa empezar a construir una genealogía de los Andes como concepto regulatorio de los imaginarios sociales que han dado forma a los debates sobre lo andino a lo largo de la historia y desde diferentes puntos del continente. En lo que sigue ofrezco un breve recorrido por la terminología, las articulaciones teóricas y las circunstancias históricas que han determinado el estudio y la crítica de lo andino y sus derivaciones semánticas.

Antes que nada, necesitamos delimitar nuestro objeto de estudio, tarea que nos aboca irremediablemente a un ejercicio de explicación nominal que parte del vocablo "Ande", cuya etimología adelanta las tensiones que delimitarán la inconmensurabilidad de aquello que el término y sus derivados contienen o aspiran a contener. Para explicar los orígenes del signo lingüístico que apunta al significado de la cordillera que recorre Suramérica, se han propuesto orígenes quechuas, aymaras y españoles. Las tensiones que ocultan las diversas etimologías posibles del término "Ande" revelan las complejas operaciones discursivas que tienen lugar en la creación de un nombre propio.

Como afirma Mark Thurner (2011) refiriéndose a la gestación de la historia, la realidad que designa y delimita todo nombre emerge de una ausencia doble:

> on the one hand, its creative and contentious condition of possibility is the void between words and things, names and the denominated; on the other hand, this possibility is engendered by death, that is, by the abyss of oblivion and estrangement that threatens to separate the (words and things of the) past from the (words and things of the) present. (p. 2)[2]

Por lo tanto, desde su misma creación como nombre propio derivado de la palabra "Ande", "lo andino" se presenta como una entidad paradójica que articula, en cada acto de enunciación, complejas negociaciones, intercambios y conflictos sobre su presente y su pasado. Asimismo, como señalan Pieter de Vries & Monique Nuijten (2003), habría que pensar el término en su condición plural—"los andinos"—en tanto que está designación referiría con mayor precisión a la población de una determinada región que comparte una serie de atributos comunes (p. 64). Sin embargo, como señalan estos investigadores, el uso plural de la palabra no termina de registrar el sentido espacial presente en los gentilicios y otras denominaciones empleadas por los habitantes de esta región, quienes prefieren términos regionales como huancaínos, jaujinos o simplemente serranos para identificarse. De acuerdo con la interpretación de de Vries & Nuijten, "lo andino" sería entonces un término que surge a partir de un discurso transnacional que agrupa identidades dispersas a partir de un contexto global de comunidades imaginadas.

En relación a la formulación de un concepto de "lo andino", habría que tener en cuenta lo que nos recuerda Jorge Coronado en este volumen cuando afirma que las construcciones de este concepto se dan también en la universidad norteamericana como una manera de homogeneizar la cultura andina dentro de patrones y conceptos de la antropología internacional. Un ejemplo de cómo estos discursos científicos buscan insertar sus objetos en esquemas globales sería el Vicos Project de Cornell University citado por Coronado, iniciativa que se convirtió en el modelo de los proyectos de desarrollo e intervención en Latinoamérica financiados por los Estados Unidos en la década de los sesenta y setenta para combatir la amenaza del comunismo, los "excesos" de la teología de la liberación y, posteriormente, los carteles de droga. Estos proyectos se desarrollan dentro del marco institucional de los *area studies* que surgen tras la segunda guerra mundial como una manera de sostener el liderazgo estadounidense en la escena política y económica global. La constitución de estos estudios es paralela a la creciente influencia que las ciencias sociales y la antropología ejercerán a nivel institucional sobre todo a partir de la guerra fría (Mignolo, 2003). En el caso de los Andes, la creación de varios Centros de Estudios Andinos como los de Cornell y Berkeley data de esta época, así como el acceso a las becas Title VI para el estudio de las lenguas de la región. A la reorientación de recursos económicos hacia el estudio de los Andes correspondió una construcción disciplinaria de "lo andino" que, en muchos casos, promovía la ideología neo-imperialista estadounidense traduciendo culturas subdesarrolladas como la andina a la antropología del primer mundo (Mignolo, 2003, p. 21) y reafirmando una ideología de modernización y desarrollo que reproduce la antigua dialéctica entre lo europeo y lo indígena en términos de suciedad e higiene o salud y enfermedad (Mignolo, 2000, p. 153).

Es preciso notar que el debate sobre los "area studies" sigue en vigor, pese a que los intereses geopolíticos de Estados Unidos se han desplazado a otras partes del mundo como China y Oriente Medio y, en consecuencia, los fondos para el desarrollo de proyectos institucionales y la investigación sobre los Andes se han visto reducidos drásticamente. Siguiendo a Mignolo, el investigador americanista John Carlos Rowe (2011) subraya la necesidad de emplear conceptos más flexibles y transnacionales para superar la dependencia de los centros institucionales del poder y el eurocentrismo de los "area studies" (p. 29).[3] Los estudios andinos se han visto igualmente interpelados por los desafíos disciplinarios que los estudios latinoamericanos plantearon a los "area studies" desde el marco de la globalización, la economía neoliberal y los postulados teóricos de la postmodernidad; se trataría de lo que Sophia McClennen (2007) ha identificado como "the urge to dismantle the geographical borders of their fields and to reconsider the ideological framings of their work as well. Latin American Studies, which had always been mindful of the United States as a dominant factor, began to emphasize space as flow, as liminal, as transnational" (p. 173-174). Dentro de esta tendencia, en los últimos años han surgido espacios de discusión importantes para reflexionar sobre "lo andino", añadiendo prefijos y adjetivaciones que definen más adecuadamente la naturaleza del término en un presente neoliberal y globalizado marcado por migraciones masivas, la deterritorialización, y la reconfiguración de los marcadores que determinan la identidad cultural. Como una forma de enfrentarse a estos desafíos, se han propuesto términos como "Andean transversality" u "orientaciones transandinas". El primero destaca la intersección de espacios que se produce en "lo andino" y ha sido empleado por Anke van Dam & Ton Salman (2003) para superar las limitaciones del uso singular de términos como "andino" o "andinidad", que consideran unidimensionales y cerrados.[4] Estos investigadores señalan que, en el contexto de los flujos migratorios del presente, la "andinidad" pierde su *locus* y su cualidad distintiva, lo que lleva a buscar nuevos términos como dispersión, hibridez, polifonía y deterritorialización, capaces de expresar la certeza de que la identidad ya no está determinada por el lugar de origen sino por la movilidad de los sujetos (p. 31).

Esta conciencia de la importancia de las relaciones culturales que operan en la realidad de "lo andino" aparece también en la propuesta del volumen editado por Vicente Bernaschina Scürmann & Marco Thomas Bosshard (2015), quienes proponen una "orientación transandina" para los estudios andinos.[5] Para llevar a cabo este reordenamiento metodológico, los editores enumeran la condiciones históricas que afectan profundamente a la cultura andina desde el siglo pasado—las migraciones de la sierra a la ciudad, la diáspora hacia centros metropolitanos fuera de las fronteras nacionales, el fracaso de la representación política de los pueblos indígenas por parte de los estados nacionales—con el propósito de explicarlas a partir de la pervivencia de cuatro articulaciones históricas que determinan las prácticas y los discursos andinos: la constitución de la región como un complejo cultural común por parte de las comunidades indígenas del altiplano andino, la institución de mecanismos de control y administración en el Virreinato, la fragmentación de la zona andina en Estados nacionales y, por último, las migraciones transnacionales (pp. 925-927).

Los ensayos de nuestro volumen presentan un marco temporal similar en tanto que cada uno de ellos abarca una o varias de estas articulaciones y reconstruyen complejos procesos culturales a partir de varios nombres derivados de la palabra "Ande" tales como "lo andino" o "andinismo". Una ojeada a la organización de estos ensayos ofrecerá al lector el criterio cronológico que hemos seguido para ordenarlos. Inaugura el volumen Denise Y. Arnold con una contribución que ahonda en el debate sobre la relevancia del sitio arqueológico de Tiwanaku para los orígenes del pueblo aymara y también para la nación de Bolivia en tanto que, como demuestra Arnold, Tiwanaku tiene lazos tanto amazónicos como andinos. De esta perspectiva que se remonta a periodos históricos previos a la conquista, como el Horizonte Medio, y llega al estado plurinacional de Evo Morales, pasamos al trabajo de Caroline Garriott que cuestiona las interpretaciones unilaterales de la conversión al Cristianismo de las poblaciones andinas durante el siglo XVII a partir del examen exhaustivo de un documento eclesiástico de la localidad de Huamanga. A este riguroso examen sincrónico de un instante preciso de la época colonial, le sigue el ensayo de Jorge Coronado, cuyo marco temporal va de la Independencia hasta el presente para trazar, desde los estudios peruanos, la genealogía de "lo andino" como término que ha dado forma a la diversidad de saberes que se han construido para interpretar la región. El trabajo de Elizabeth Monasterios continúa la tarea historicista de Coronado para concentrarse en la contribución del escritor arequipeño Gamaliel Churata a la vanguardia del Titikaka dentro del contexto de las demandas descolonizadoras que marca la primera mitad del siglo XX en la región andina. En el último ensayo del volumen, Hannah Burdette cierra nuestro dilatado marco temporal con una aproximación transnacional que analiza el contacto de inmigrantes andinos con las poblaciones nativo americanas de los Estados Unidos para interrogar la construcción de la indigeneidad en el continente.

Como se observa en este breve resumen, los ensayos del volumen cubren un marco temporal inmenso que va desde el desarrollo y la expansión de culturas prehispánicas como Wari, Chavín y Tiwanaku hasta el activismo de un ecuatoriano migrante en Nueva York concentrado en reclamar su condición indígena. Reconociendo los desafíos abismales de una cronología inconmensurable—pues sería disparatado aventurar que un libro podría abordar exhaustivamente semejante totalidad—nuestro volumen presenta un cruce disciplinario que parte de la arqueología, la historia, la antropología, los estudios culturales, la etnohistoria y la literatura, con el objetivo de analizar el espacio donde confluyen y divergen las narrativas y los discursos con los que estas disciplinas han dado cuenta de la construcción de "lo andino". Los ensayos se enfocan en casos concretos que ofrecen una instántanea para vislumbrar la articulación de lo andino en diferentes momentos de su historia. Nos interesa subrayar la cualidad esquiva de los Andes y lo andino como objetos de estudio, así como las fuerzas hegemónicas que entran en juego para imponer un significado sobre estos términos y crear fracturas que surgen de una rígida temporalidad que pretende reconciliar el pasado precolombino con el presente poscolonial.

La reflexión de Thomas A. Abercrombie (1998) sobre las tres aproximaciones más influyentes en relación al pasado andino puede sernos de utilidad en este punto. Abercrombie distingue el proyecto materialista de John V. Murra centrado en la descripción de un tipo de economía específicamente andina, el historicismo de John H. Rowe para reconstruir la historia de los Incas de manera cronológica a partir de las crónicas y archivos y, por último, el enfoque estructuralista de Tom Zuidema para comprender las complejas estructuras andinas desde la cosmología inca (p. xvii). De este modo, observamos que los estudios andinos han mostrado una frecuente y polifacética interacción de investigadores de diversas disciplinas—el mismo Abercrombie empezó en el campo de la antropología y continuó su trabajo académico en un departamento de historia.

Asimismo, el estudio de los Andes se ha visto marcado por la naturaleza fragmentaria de las fuentes disponibles y por la necesidad de considerar sistemas semióticos que apelan a la memoria y no a la escritura (Castro-Klarén, 2008a, p. 106). El estudio de las culturas andinas anteriores a la conquista ibérica, por ejemplo, viene determinado por el hecho que carecían de una escritura alfabética, lo que ha llevado a etnohistoriadores, antropólogos, estudiosos de la literatura e historiadores del arte como De la Jara (1964), Brotherston (1992), Silverman (1998, 2012), Arnold (2000, 2007, 2012), Cummins (2002), Arnold & Espejo (2010a, 2013, 2015), Arnold & Yapita (2006), Salomon (2004) y Rappaport & Cummins (2012) a investigar cuestiones relacionadas con la materialidad y los usos sociales y simbólicos de diversos objetos como textiles, cerámicas, joyas, esculturas y queros. Como recuerda Sara Castro-Klarén (2008a), en el mundo andino los objetos tienen un valor especial en tanto que se presentan como lugares de memoria y conocimiento donde textiles y queros funcionan no solo como un testimonio del pasado, sino que ofrecen también una conexión viva con la historia (p. 114). Sobre este punto, por ejemplo, la investigación de Arnold y Espejo (2010b) ha revelado los usos de los tocapus—conjunto de cuadrados con decoración geométrica—en los textiles andinos para reforzar ciertos aspectos de la identidad espiritual de mujeres y hombres en los Andes meriodinales bolivianos que apuntan a la preservación de un sentimiento inka.

El campo de la arqueología ha explorado otras fuentes valiosas como templos, edificios y tumbas, que, junto con la información deducible de huesos, plantas y otros restos arqueológicos, conforman el conocimiento empleado por esta disciplina para expresar su dictamen sobre "lo andino". Como muestra Coronado en su análisis de *Antigüedades peruanas* de Mariano Eduardo de Rivero y Ustariz & Johann Jakob von Tschudi, siguiendo algunos de los postulados planteados por Castro-Klarén (2011), la arqueología planteada en términos de práctica, deseo y ciencia consolida la articulación de "lo andino" como término que señala la tensa relación entre presente y pasado de la nación. Por su parte, la contribución de Arnold subraya el valor hegemónico que siguen teniendo los discursos de la arqueología en la creación de metanarrativas que han construido artificialmente una serie de fronteras geográficas, sociales y étnicas con las que se ha privilegiado la parte andina de los países de esta zona. De hecho, Arnold propone que las evidencias arqueológicas y los estudios antropológicos contradicen la visión de Bolivia como país andino al tiempo que cuestionan la condición del Perú como la fuerza orientadora de lo andino.

Junto a los vestigios arqueológicos del pasado, otras fuentes de gran importancia para los investigadores que estudian los Andes son las crónicas producidas por escritores europeos e indígenas tras la conquista. Como señala Castro Klarén (2008b), el examen de este heterogéneo corpus textual, escrito con frecuencia en la inmediatez de la colonización, revela que la polémica sobre la humanidad de los indios y la cuestión de la legalidad de su sometimiento y conquista permea cada página (p. 117). La conquista generó una profusión de textos que debatían esta polémica al tiempo que se redactaba un aparato legal de tratados, códigos y normas que llenó de documentos las estanterías de bibliotecas, audiencias y monasterios tanto en el Viejo Mundo como en el Nuevo. Como consecuencia, tras la conquista se impone en el mundo inca un férreo sistema de interpretación de su subjetividad y su historia que estaba destinado a justificar el relato imperial que representaban los españoles. Al respecto, Castro-Klarén distingue esta interpretación—representada por el Círculo de Toledo—de una serie de individuos que escribía fuera de este círculo resistiendo el empuje ideológico de su fuerza imperial (Ibid, p. 128). Las figuras más destacadas de este segundo grupo serían el humanista mestizo conocido como Inca Garcilaso de la Vega y el indio Guamán Poma de Ayala, cuyas obras presentan enormes desafíos metodológicos tanto para la historia como para los estudios literarios.

Para analizar la singular posición de estos dos escritores dentro del sistema colonial, se ha interrogado la semiótica (López-Baralt, 1982), la intertextualidad (Quispe-Agnoli, 2006), el funcionamiento de la jerarquía inca (Zuidema, 2015), las zonas de contacto en los encuentros coloniales (Pratt, 1991), la polémica sobre la soberanía territorial (Adorno, 2007), los contactos con el humanismo español de la época (Arocena, 1949; Zamora 1988), las representaciones del espacio (Castro-Klarén, 1996) y los estudios de género y sexualidad (Horswell, 2005). Esta lista no es más que una enumeración bastante parcial de las muchas aproximaciones metodológicas que han intentado aproximarse a la producción del Inca Garcilaso y Guamán Poma incorporando las más complejas interpretaciones teóricas provenientes de los estudios literarios al análisis de los datos y el contexto derivado de las ciencias sociales.

Otra fuente de información que se añade al valioso testimonio de las crónicas de Garcilaso y Guamán Poma, la constituyen la amplia variedad de documentos burocráticos coloniales producidos por las autoridades religiosas y civiles tales como testamentos, cartas, censos, registros y visitas eclesiásticas. Como señala Kenneth J. Andrien (2001), la mayoría de trabajos sobre las poblaciones andinas entre 1532 y 1825 ha surgido de la investigación sobre estos documentos tanto en archivos españoles como en aquellos localizados en países andinos (p. 6). A partir de estas fuentes, los historiadores han podido reconstruir procesos de gran envergadura como el funcionamiento jurídico colonial, la extirpación de idolatría y los movimientos de resistencia indígena. Un aspecto que destaca al leer la bibliografía historiográfica sobre los Andes es la oscilación entre lo local y lo global, lo regional y lo transregional, con estudios centrados en ámbitos geográficos muy específicos y otros que han analizado el contexto más amplio de las prácticas culturales andinas, así como el tráfico cultural y material de un lado al otro del Atlántico (Poole, 1997; Bleichmar & Mancall, 2011; Cohen, 2015).

Recientemente, el estudio de Joan Rappaport (2014), como los trabajos de Rossana Barragán en Bolivia (2006, 2008), cuestiona la presunta fijeza de las clasificaciones sociorraciales que dominan el análisis del período colonial y su aplicación de términos como "castas" y "mestizos" a poblaciones muy diversas alrededor de los Andes. A partir de un exhaustivo examen de diversos testimonios del período colonial en el Reino de la Nueva Granada, Rappaport demuestra que identidades como "indio" o "mestizo" muchas veces eran transitorias y estaban basadas en la ocupación, el género o el lugar de residencia de los sujetos (pp. 6-7). En su lugar, Rappaport propone construir escenarios etnográficos basados en el examen de múltiples historias y casos encontrados en archivos judiciales. Si bien es cierto que estas fuentes se le aparecen al historiador moderno inmersas en un sistema rígido y complejo, al examinarlas en su momento es posible percibir la gran variedad de elecciones multidimensionales que tenían lugar en esta época. En una propuesta similar a la de Rappaport de un tipo de "thick description" que incorpora no solamente el proceso por el cual los individuos eran clasificados sino los contextos legales en los que esa categorización tenía lugar (p. 21), la contribución de Garriott plantea tener en cuenta las múltiples alianzas de un manuscrito de 1684 nunca antes editado relativo a la conversión al catolicismo de una comunidad multiétnica de Huamanga. El ensayo de Garriott va más allá de la conversión como un gesto unidireccional expresado desde la autoridad eclesiástica o un simple caso de equivalencia simétrica entre santos católicos y huacas andinas para verlo como un proceso inmerso en el dinamismo de las veneraciones rituales andinas que descubre la fluidez de las prácticas de supervivencia de una comunidad altiplánica en tiempos de agresivas campañas de extirpación de idolatría.

Pasando de los archivos coloniales al campo de los estudios literarios, descubrimos que los estudios andinos encontraron en José María Arguedas al autor que, según la expresión de Antonio Cornejo Polar (1994), se convirtió en un "héroe cultural para un vastísimo público que excede largamente al de sus lectores" (p. 208). En torno a Arguedas se desarrollaron los paradigmas teóricos de mayor influencia en el campo, entre los cuales destaca la transculturación de Ángel Rama y la heterogeneidad del mismo Cornejo Polar. Ambos conceptos apuntan a la capacidad de la literatura para representar las complejas dinámicas sociales e históricas en los Andes, así como a la comprensión de la relación entre lo subalterno y lo hegemónico en términos de coexistencia. Este énfasis en la combinación, implica que "lo andino" no se constituye a partir de lo permanente e inmutable sino que implica un continuo proceso de contacto e interacción. Precediendo a este vocabulario o derivando de él, surgieron otros conceptos como el sincretismo y la hibridez, términos que, junto con la heterogeneidad, la transculturación y la etnogénesis, describirían más adecuadamente una perspectiva latinoamericana.[6]

No obstante, en los últimos diez años, y especialmente en el campo de la arqueología, hemos asistido a un severo escrutinio crítico de estos conceptos y su capacidad de capturar el significado de dinámicos procesos sociales y la formación de nuevas identidades. En el ámbito latinoamericano, el teólogo y antropólogo Manuel Marzal (1978) prefería el término "apropiaciones" en su análisis de las formas religiosas populares entendidas como "una respuesta al mundo físico, al nivel tecnológico, a las formas de organización social, a la misma estructura de poder y mecanismos de dominación y a las distintas tradiciones religiosas" (p. 419). En el campo de la arqueología, Stephen W. Sulliman (2015) invita a entonar un réquiem por la "hibridez" como concepto obsoleto que aboca a una encrucijada ontológica donde toda cultura termina siendo híbrida (pp. 283-284), mientras que Barbara L. Voss (2015) propone abandonar las definiciones utópicas del término "etnogénesis" para regresar a una aplicación más contenida y concentrada del concepto en la investigación arqueológica (p. 656). Como concluye Voss (2015),

> ethnogenesis research investigates when and how particular practices of communal belonging become politicized and transformed in specific historical circumstances. The study of ethnogenesis lays bare the historical contingency of identities and, in doing so, invites investigation into the 'serious games' through which people shape the outcomes of macroscale historical phenomena such as colonialism and its aftermath. (p. 666)

En este sentido, la etnogénesis se confunde muchas veces con otros modelos de cambio social y cultural como la hibridez, el sincretismo, el mestizaje o la aculturación pero, como demuestra la bibliografía reciente de estudios arqueológicos en el Perú analizada por Voss (2015), este concepto resulta más apropiado para estudiar procesos relevantes al contexto de los Andes como la supervivencia de poblaciones involucradas en el ascenso y caída de estados e imperios (p. 662) y las negociaciones hegemónicas que se dan entre las élites y el pueblo (pp. 664-665), en vez de la génesis de nuevas formaciones poscoloniales.

Mención aparte merece la "heterogeneidad" como concepto de gran influencia en los estudios andinos desde las formulaciones de Cornejo Polar, quien establece su origen en el encuentro de Cajamarca entre Atahualpa y el padre Vicente Valverde, considerándolo como el término clave en tanto que "caracteriza, desde entonces y hasta hoy, la producción literaria peruana, andina y—en buena parte—la latinoamericana" (Ibid, p. 27). En la afirmación de Cornejo Polar, se observa uno de los caballos de batalla de la crítica latinoamericana desde los años sesenta: la producción de una teoría propia con paradigmas originales, capaz de traducir la especifiad de los procesos históricos del continente. Este proyecto crítico continuaba su propuesta, postulada en los años ochenta, de "articular categorías teóricas con conocimientos históricos" (1983, p. 38). Semejante decisión crítica conlleva asumir la conflictividad social de la época que se investiga y crear una teoría en relación dialéctica con la historia. Como señala Pablo Valdivia Orozco (2015), en el campo de los estudios andinos la idea de "totalidad" se convertirá en la categoría que permite "pensar una entidad teórica en una constelación histórica específica" (p. 942) y "no se limita a ser una propuesta teórico-metodológica, sino que, además, requiere un carácter político, si no es que utópico" (p. 943). Valdivia Orozco apunta a la condición utópica de la propuesta de Cornejo Polar como un paso necesario para la constitución de un aporte original y "nuestro" que revise y diferencie las relaciones producidas en conceptos dicotómicos como general/específico y global/local (p. 944). Este énfasis en la utopía como componente esencial de la tarea crítica es paralelo a la importancia del concepto en el estudio de lo andino. No en vano, Alberto Flores Galindo (1986) empleó el concepto de "utopía andina" como el hilo conductor que aglutina la fracturada historia del Perú desde la conquista.

Apuntando directamente a la importancia de lo utópico en los estudios sobre la modernidad andina, el ensayo de Monasterios recoge el testigo de la propuesta de Cornejo Polar al pensar la entidad teórica del andinismo dentro de la constelación histórica del vanguardismo en los Andes. Centrándose en la figura de Gamaliel Churata y su contribución a la vanguardia del Titikaka, Monasterios demuestra que el lenguaje de la "crítica" supone un vocabulario esencial en la constitución de lo andino en el periodo moderno, en tanto que el carácter radicalmente plebeyo y descolonizador de este movimiento impulsó a sus integrantes a cuestionar las utopías de modernidad que llegaban con el siglo XX, incluida la ideología del mestizaje y el privilegio del proletariado sobre el indio, alineándose, de esta forma, con las demandas indígenas que contra el gamonalismo se desataron en el Perú a fines del siglo XIX y principios del XX.

Como ha señalado Silvia Rivera Cusicanqui (2010) analizando el caso de Bolivia, aunque remontándose también a la especificidad histórica del Tawantinsuyu previa a la conquista, los modelos de modernización instituidos tras la independencia continuaron el proceso de sumisión, borramiento y control de las poblaciones indígenas que se inicia con la llegada de los españoles.[7] Sin embargo, como demuestran los ensayos de este volumen y como han estudiado la propia Rivera Cusicanqui (2010) y Marisol de la Cadena (2000), en este proceso de violencia epistémica ni las poblaciones andinas permanecieron estáticas ni las identidades que surgieron al enfrentar la violencia homogeneizadora colonial se mantuvieron fijas y estables. En el proceso de colonialismo interno que se inicia con el ciclo colonial (Rivera Cusicanqui, 2010, p. 39), la educación y la racionalidad fueron regímenes de control y sumisión por parte de los españoles en su interacción con las poblaciones andinas. Asimismo, las complejas taxonomías basadas en jerarquías definidas por grados de racionalidad generaron procesos de asimilación, desindianización (de la Cadena, 2000, pp. 6-12) y genocidio retórico (Grande, 2004, pp. ix-x), que provocan una fractura en el orden andino, convirtiendo al indio en un anacronismo y un obstáculo para que la modernidad, como el horizonte de la subjetividad racional, pueda por fin emerger triunfantemente en los Andes.

Teniendo esto en cuenta, no sería exagerado afirmar que todo enfrentamiento que aspire a confrontar el valor de la racionalidad y la razón en el mundo andino debe partir de una aproximación crítica, sea esta de orden decolonial, poscolonial o subalterna. Si bien muchas veces lo que estas operaciones críticas plantean sería una crítica andina de la razón, es decir, una relectura, un despensar, una rearticulación, una deslectura, o un (re)vivir la razón desde una epistemología andina o un orden andino de las cosas, nuestro volumen va más allá de esta operación crítica para plantear un ejercicio hermenéutico que tiene como objetivo volver a pensar los Andes y lo andino en su polimorfismo. Nos interesa examinar la continua movilidad que caracteriza las narrativas de las distintas naciones andinas a la hora de componer sus pasados, así como historizar la articulación disciplinaria de lo andino tanto en su especificidad histórica como en su potencialidad teórica y su imbricación con el lenguaje de la crítica desde las crónicas del Inca Garcilaso y Guamán Poma.

Por último, habría que recordar aquello que Zulma Palermo (2000) planteara hace ya más de dieciseis años, cuando proponía un pensamiento desde los márgenes andinos como una tarea que necesita tener en cuenta aquellos espacios que incluyen "zonas marginales de Argentina, Bolivia, Chile y el Perú relacionadas por un trayecto común [...]. Espacios de liminalidad en los que las constricciones de los límites políticos impuestos por la constitución de las naciones no coinciden con la comunidad imaginada que resulta así, a la vez, mayor y menor que las naciones" (p. 23). Nuestro volumen propone expandir esos mismos límites y, entre otras cosas, busca examinar ciertas identidades que han sido pasadas por alto en la imaginación de estas naciones como andinas y subrayar la importancia de entender la región andina como parte de un contexto más amplio que se ve moldeado por el incremento de los flujos migratorios en décadas recientes.

A pesar de que ya he adelantado varios de los presupuestos teóricos y las problemáticas disciplinarias de los ensayos de este volumen, me gustaría concluir con un breve resumen de cada uno de los artículos para ofrecer al lector una guía que le ayude a orientarse en nuestra propuesta colectiva.

Tomando como marco contextual la reconfiguración política que tuvo lugar en Bolivia con la elección de Evo Morales, en "Beyond '*lo andino*': Rethinking Tiwanaku from the Amazonian Lowlands" Arnold analiza la tensión entre la construcción de las tierras altas y bajas como entidades fijas sobre las que se construyen identidades nacionales monolíticas que eclipsan los contactos, migraciones y profundas interacciones entre poblaciones diversas durante milenios. El trabajo de Arnold parte de un cuestionamiento de las maniobras culturales que legitiman la creación del estado plurinacional boliviano a partir de investigaciones antropológicas y arqueológicas sobre el origen aymara de Tiwanaku y repiensa este espacio como una entidad cultural que, lejos de haber surgido de un inmóvil *continuum* andino proyectado desde las tierras altas, tiene sus orígenes en los fluidos contactos establecidos con las zonas bajas que han sido ignoradas como remotas periferias por conquistar.

En el caso de Garriott, su trabajo "Carrying Water on Both Shoulders: Material Archives and Andean Ritual in Mid-Colonial Huamanga, Peru" examina la religiosidad colonial dentro del contexto de movimientos de resistencia andina como el Taki Onqoy, que se caracterizan por una rápida expansión desde su núcleo originario en Huamanga hasta regiones más pobladas como Cusco, Arequipa, Lima y La Paz. Tras analizar en detalle la fuente aún desconocida del padre jesuita Nicolás Talavera, Garriott descubre que la victoriosa evangelización de poblaciones indígenas en la diócesis de Huamanga proclamada por Talavera esconde una comprensión alternativa de la naturaleza de la conversión, que apunta al decisivo papel que los hablantes quechuas y aymaras trasplantados a esta región tuvieron en las políticas religiosas locales. Con esta propuesta, Garriott confirma que, más que un proceso binario expresado a partir de la dicotomía excluyente entre victoria y derrota, la cosmopraxis andina permanece en un continuo proceso de reconstrucción y regeneración desde la conquista, lo que cuestiona paradigmas fuertemente arraigados en la comprensión de la época colonial como una ininterrumpida serie de conflictos y negociaciones que diluyen las creencias andinas en prácticas religiosas cristianas. El caso aquí analizado de la provincia de Huamanga demuestra que "indigenous populations continue to perform their role within an animated landscape imbued with *camay*—a sacred, vital essence—even while adapting to the proliferation of new deities, such as Jesus Christ" (p. 74). Este aporte se conecta con una corriente de estudios que en los últimos diez años se ha centrado en regiones alejadas del poder colonial como Arequipa (Marsilli, 2014), Charcas (Platt, Bouysse-Cassagne & Harris, 2006), Trujillo (O'Toole, 2012), los Andes centrales (Quilter, 2014; Strong, 2012), Tiwanaku (Arnold & Yapita, 2005; Goldstein, 2005) y Mizque (Brockington, 2006).[8]

La necesidad de entender "lo andino" y todo lo que este término designa hoy en día es planteada por Jorge Coronado en "Sobre la noción de lo andino: ciencia, literatura y consumo". Coronado demuestra la centralidad del siglo XIX en la constitución de lo andino con una novedosa propuesta que sitúa este concepto como un correctivo a las dominantes concepciones "criollas" de la nación. Tras esto, su ensayo se concentra en las primeras décadas del siglo XX en el Perú para entender la diversidad del término a partir de tres manifestaciones que ilustran su evolución. La primera, denominada "científica", surge de la aplicación de los métodos de la antropología y la arqueología a las culturas y zonas geográficas ligadas a sociedades indígenas. La segunda, que define como "cultural", emerge a partir de prácticas literarias y se expresa de manera culminante en la obra de Arguedas. Finalmente, la tercera manifestación será la "pública", que circula en la sociedad civil y la esfera pública de varios países andinos como Ecuador, Bolivia y el Perú. Coronado subraya la necesidad de estudiar estas manifestaciones como un conjunto, ya que existen conexiones íntimas que demuestran una convivencia productiva y versátil que se concreta en tres figuras fundamentales de la cultura peruana: Julio C. Tello, José Carlos Mariátegui y Elena Izcue. Trazando la manera en que estas figuras representan y abanderan respectivamente cada una de las manifestaciones de "lo andino", Coronado nos invita a buscar su sentido en la trayectoria de un concepto que va del espacio más exclusivo y depurado creado por el proyecto nacionalista de la proto-arqueología hasta la difusión extrema del consumo popular globalizado y globalizante.

En diálogo con la retrospectiva histórica planteada por Coronado, el artículo de Elizabeth Monasterios, titulado "Gamaliel Churata y esa beligerancia estética conceptualizada como 'andinismo'", se propone un ejercicio similar de reconstrucción del pasado, aunque en este caso se trata de la articulación semántica del "andinismo" como categoría explicativa central para el estudio de los procesos culturales andinos. Tanto el trabajo de Coronado como el de Monasterios ofrecen una genealogía de dos conceptos marcados por una complejidad histórica y disciplinaria que los convierten en eficaces herramientas de producción teórica para entender, proyectar e institucionalizar la cultura nacional. Monasterios se centra en los orkopatas de Puno, grupo vanguardista liderado por Churata en las primeras décadas del siglo XX, que se propone rearticular las novedades que determinan la vida cultural de la nación y, más concretamente, analiza el rol del *Boletín Titikaka* en la producción del "andinismo" como estrategia geopolítica destinada a promover cohesión continental entre países como Chile, el Perú y Bolivia que vivían momentos de separación política y enemistad tras el desenlace de la guerra del Pacífico. A partir del estudio de tres eventos—la propuesta de Federico More de un andinismo continentalista, la publicación de *Ande* por parte de Alejandro Peralta y el proyecto descentralizador de Churata explicado a partir de *El pez de oro* como emblema de ese proyecto—Monasterios traza el desarrollo de la conversión del andinismo en "categoría estética" que cuestiona el humanocentrismo como opción civilizatoria en el Perú. La idea churatiana de pensar el andinismo como posibilidad nos enfrenta con la paradójica condición de todo proyecto de descentralización que, en su denuncia de la artificialidad de los centros, evidencia también la artificialidad inherente a todo proyecto de autentificación. Otros ensayos del volumen presentan cuestionamientos similares de esta problemática hermenéutica: la necesidad de descentrar Tiwanaku, Cusco y cualquier otro centro de lo andino a partir de las conexiones andinas desde las tierras bajas y viceversa (Arnold) o la postulación de un espacio de interpretación más allá de los binarismos reductores en el estudio de la religiosidad colonial y los límites empíricos de las fuentes de los historiadores (Garriott).

Finalmente, el ensayo de Burdette, "Interrogating Indigeneity: A Comparative Perspective on Social Change in the Andes and United States", muestra la vigencia de propuestas contemporáneas que, desde un contexto transnacional, nos permitirían pensar la indigeneidad más allá de una política de la identidad. Burdette analiza las intervenciones del activista ecuatoriano-estadounidense Santy Quinde Barrera Baidal en el contexto de los debates sobre indigeneidad que tienen lugar en las zonas de contacto entre inmigrantes latinoamericanos y poblaciones nativoamericanas de los Estados Unidos. La situación diaspórica de Barrera Baidal como inmigrante que busca reinsertar su identificación indígena dentro de un contexto global reproduce el contexto de "archipiélago andino" teorizado por Zevallos Aguilar (2015) para expresar la dinámica transnacional de la cultura andina, por lo que el estudio comparativo de Burdette permite reconocer y contextualizar el aumento de la dinamicidad de la cultura andina desde su afianzamiento en espacios globales. Esta última contribución del volumen lleva los límites del estudio de "lo andino" hasta espacios críticos que no han sido tan abordados por la crítica reciente, como los efectos de la migración trasnacional, especialmente en relación a las identidades cambiantes y las afiliaciones políticas de los migrantes indígenas andinos.

Los cinco ensayos aquí recopilados confirman que la región andina ofrece desafíos específicos que surgen de la diversidad de sus culturas y literaturas. Toca entonces formular, como sugiere Valdivia Orozco (2015), "una teoría más allá de la unidad y la diferencia" (p. 944). El problema radica en el hecho que nuestra insistencia en la diversidad nos distrae del hecho de que la misma constitución disciplinaria de los estudios andinos, al articularse como tales, se basa precisamente en lo contrario, en su unidad o identidad, en los supuestos vínculos, uniones, y procesos históricos que definen y delimitan diversas culturas como "andinas". Por un lado, nuestro volumen responde a esta paradójica constitución del campo desde la particularidad de varias de las disciplinas que le han dado forma, reconociendo la resistencia a agotarse de "lo andino" y su capacidad de transformación. Por otro lado, las cinco contribuciones articulan una respuesta colectiva a su condición de campo encargado del conocimiento de una realidad marcada por proposiciones que aspiran a la delimitación del objeto—la pregunta por "lo andino"—y la comprensión de su realidad experimental. De manera menos evidente, a estos ensayos también los une el deseo de examinar las bases teóricas y el marco ideológico que se encuentra detrás las metodologías y disciplinas que han condicionado nuestra facultad de conocer, pensar y afirmar "lo andino". Las contribuciones aquí recopiladas aspiran a ir más allá de la razón andina como un ámbito de investigación opresivo que establece un conocimiento limitado por apriorís metodológicos. Más que establecer una dogmática delimitación del campo de su correcto uso, lo que nos mueve es la apertura de sus condiciones, sus objetos y sus límites intrínsecos. Quedamos a la espera de actualizar ese diálogo en futuros trabajos, encuentros y conversaciones. Mientras tanto, mi esperanza es que la nuestra sea una invitación a continuar esta tarea crítica desde la interacción, el debate y la polémica con los cinco ensayos de este libro.

Agradecimientos

Antes que nada, me gustaría agradecer a los cinco contribuyentes de este libro por permitirme ser un lector activo de sus trabajos y por su participación constante en el proyecto desde el panel de LASA 2014. Entre ellos, el agradecimiento más especial se lo debo a mi co-editora, Denise Arnold, por compartir su sabiduría sobre temas andinos conmigo y por su atenta lectura de esta introducción. Todas las limitaciones que hayan encontrado los lectores en estas páginas son mi responsabilidad. Por último, me gustaría agradecer a Sara Castro-Klarén por su ayuda y sus consejos mientras editaba el volumen.

Notas

1   Correspondencia pertinente a este ensayo debe dirigirse al autor: cam366@txstate.edu.
2   El estudio de Thurner (2011) analiza la historia de ausencias, falsas etimologías y negociaciones coloniales que tiene lugar en la denominación "Perú" y en su articulación como materia histórica.
3   Sophia McClennen (2007) llega a una conclusión similar al examinar la conexión entre ontología y estudios regionales:
    [T]he solution to the hegemonies of area studies seemed to be found in work that rescued subaltern voices that had been silenced, that crossed borders and challenged the structures of power, and that deconstructed identity markers. (p. 178)
4   También es empleado por Maria Eugenia Choque Quispe & Carlos Mamani Condoria (2002) para definir las tradiciones indígenas de reciprocidad:
    [T]he transversality that crisscrosses between the flat Pacific coasts and the highlands, between the valleys nestled among the Andes and the plains of the amazon. This transversal vision of space, expressed in storytelling and ritual, reflects ecology and the rich biological diversity through its symbolic animals, who interact reciprocally with the human community. (p. 50)
5   No es casual que nuestro volumen esté tan próximo en el tiempo al número especial organizado por Schürmann y Bosshard. De hecho, dos de los autores incluidos en este volumen, Jorge Coronado y Elizabeth Monasterios, también aportan dos ensayos al número especial sobre "orientaciones transandinas" donde analizan las contribuciones vanguardistas de Gamaliel Churata y Arturo Borda (Monasterios, 2015) y el rol de la música andina en la novela de Arguedas *El Sexto* (Coronado, 2015). Asimismo, varios autores que publican en este número

especial de la *Revista Iberoamericana*, como Bosshard y Ulises Juan Zevallos-Aguilar, fueron invitados a participar en nuestra mesa de LASA, aunque tuvieron que declinar la invitación por tener ya otros compromisos.

6   Para una contextualización de la hibridez dentro de un marco transnacional que esboza las conexiones de las perspectivas latinoamericanas con las teorías poscoloniales de Dipesh Chakrabarty y Homi Bhabha, véase Kraniauskas (2000).

7   Según Rivera Cusicanqui (2010), este proceso consiste en tres ciclos—colonial, liberal, populista—que interactúan en la realidad del presente y definen los horizontes históricos del colonialismo interno (p. 39).

8   Dentro de estos estudios habría que destacar el trabajo de Marisol de la Cadena (2010, 2015), quien invita a que los investigadores se interesen por poblaciones más pequeñas o minoritarias y superen el binomio centro-periferia. En este sentido se podría pensar en la localidad de Pacchanta sobre la que gira su investigación desde 2002 como un lugar al mismo tiempo remoto y cercano de los centros nacionales, ya que, si bien es un espacio desconocido por la mayoría de intelectuales peruanos, su proximidad al Cusco lo inserta en una red de relaciones donde convergen líderes campesinos quechuas, turistas, investigadores, y ecologistas. Estos intercambios sitúan a Pacchanta como una periferia del centro capaz de descubrir nuevos desafíos teóricos que lleven a una comprensión más profunda de la interacción de actores humanos y no humanos (*earth-beings*) en el marco político del neoliberalismo y la globalización.

Referencias

Acosta, A. (2014, May). *A critique of decolonial reason: Readings and interrogations*. Panel at the XXXIII International Congress of the Latin American Studies Association, Chicago, IL.

Acosta, A. (2015, January). *A critique of decolonial reason: Readings and interrogations*. Panel at the 130th Modern Language Association Annual Convention, Vancouver, Canada.

Adorno, R (2007). *The polemics of possession in Spanish American narrative*. New Haven, CT: Yale University Press.

Andrien, K. J. (2001). *Andean worlds: Indigenous history, culture, and consciousness under Spanish rule, 1532-1825*. Alburquerque, NM: University of New Mexico Press.

Arnold, D. Y. (2000). Convertirse en persona el tejido: la terminología aymara de un cuerpo textil. En V. Solanilla Demestre (Ed.), *Actas de la I Jornada Internacional sobre Textiles Precolombinos* (pp. 9-28). Barcelona: Serveide Publicacions de la UAB.

Arnold, D. Y. (2007). Ensayo sobre los orígenes del textil andino: cómo la gente se ha convertido en tela. En D. Y. Arnold, J. de D. Yapita &

E. Espejo, *Hilos Sueltos: los Andes desde el textil* (pp. 49-84). La Paz: Plural editores & ILCA.

Arnold, D. Y. (2012). *El textil y la documentación del tributo en los Andes: los significados del tejido en contextos tributarios*. Lima: Fondo Editorial de la Asamblea Nacional de Rectores, Artes y Humanidades.

Arnold, D. Y., & Espejo, E. (2009). A comparison of war iconography in the archaeological textiles of Paracas-Topará (in Southern Peru) and in the weavings of Ayllu Qaqachaka (Bolivia) today. *Textile: The Journal of Cloth and Culture, 7*(3), 272–295.

Arnold, D. Y., & Espejo, E. (2010a). *Ciencia de las mujeres. Experiencias en la cadena textil desde los ayllus de Challapata*. La Paz: Fundación Interamericana, Fundación Albó & ILCA.

Arnold, D. Y., & Espejo, E. (2010b). Contribuciones al debate en torno a los tocapus coloniales desde el Ayllu Qaqachaka, Bolivia. En M. Casado Arboniés, A. R. Díez Torre, P. Numhauser & E. Sola (Eds.), *Escrituras silenciadas: historia, memoria y procesos culturales. Homenaje a José Francisco de la Peña* (pp. 231-256). Alcalá: Universidad de Alcalá.

Arnold, D. Y., & Espejo, E. (2013). *El textil tridimensional: la naturaleza del tejido como objeto y como sujeto*. La Paz: Fundación Interamericana, Fundación Albó & ILCA.

Arnold, D. Y., & Espejo, E. (2015). *The Andean science of weaving. Structures and techniques of warp-faced weaves*. London & New York: Thames & Hudson.

Arnold, D. Y., & Yapita, J. de D. (2005). Strands of Indigenism in the Bolivian Andes: Competing juridical claims for the ownership and management of indigenous heritage sites in an emerging context of legal pluralism. *Public Archaeology, 4*, 141-149.

Arnold, D. Y. & Yapita, J. de D. (2006). *The metamorphosis of heads. Textual struggles, education and land in the Andes*. Pittsburgh, PA: University of Pittsburgh Press.

Arocena, L. (1949). *El Inca Garcilaso y el humanismo renacentista*. Buenos Aires: Centro de Profesores Diplomados de Enseñanza.

Barragán, R. (2006). *Más allá de lo mestizo, más allá de lo aymara: organización y representaciones de clase y etnicidad en La Paz*. América Latina Hoy, 43, 2006, 107-130.

Barragán, R. (2009). Categorías e identidades en permanente definición. En D. Y. Arnold (Ed. and Comp.), *¿Indígenas u obreros? La construcción política de identidades en el Altiplano boliviano* (pp. 206- 243). La Paz: Fundación Unir.

Bleichmar, D., & Mancall, P. C. (2011). *Collecting across cultures: Material exchanges in the early Atlantic world*. Philadelphia, PA: University of Pennsylvania Press.

Brockington, L. G. (2006). *Blacks, Indians, and Spaniards in the eastern Andes: Reclaiming the forgotten in colonial Mizque, 1550-1782*. Lincoln, NE: University of Nebraska Press.

Brotherston, G. (1992). *Book of the fourth world; reading the Native Americas through their literature*. Cambridge: Cambridge University Press.

Castro-Gómez, S. (1996). *Crítica de la razón latinoamericana*. Barcelona: Puvill Libros.

Castro-Gómez, S. (1998). Latinoamericanismo, modernidad, globalización. Prolegómenos a una crítica poscolonial de la razón. En S. Castro-Gómez & E. Mendieta (Eds.), *Teorías sin disciplina (latinoamericanismo, poscolonialidad y globalización en debate)* (pp. 122-153). México: Miguel Ángel Porrúa.

Castro-Klarén, S. (1996). El Cuzco de Garcilaso: el espacio y el lugar de conocimiento. En J. A. Mazzotti & J. Zevallos Aguilar (Eds.), *Asedios a la heterogeneidad cultural. Libro de homenaje a Antonio Cornejo Polar* (pp. 135-151). Philadelphia, PA: Asociación Internacional de Peruanistas.

Castro-Klarén, S. (2008a). Memory and writing in the Andes. En S. Castro-Klarén (Ed.), *A companion to Latin American literature and culture* (pp. 106-116). Oxford: Blackwell.

Castro-Klarén, S. (2008b). Writing the Andes. En S. Castro-Klarén (Ed.), *A Companion to Latin American literature and culture* (pp. 116-136). Oxford: Blackwell.

Castro-Klarén, S (2011). *The narrow pass of our nerves. Writing, coloniality and postcolonial Theory*. Madrid / Frankfurt: Iberoamericana Vervuert Verlag.

Choque Quispe, M. E & Mamani Condoria, C. (2002). Andean traditions of giving. A vocabulary of generosity. *ReVista. Harvard Review of Latin America*, Spring, 49-52.

Cohen, A. (2015). From the River Jordan to Lake Titicaca: Images of the baptism of Christ in colonial Peruvian churches. *The Americas*, 72(1), 103-140.

Cornejo Polar, A. (1983). Literatura peruana: totalidad contradictoria. *Revista de Crítica Literaria Latinoamericana*, 18, 37-50.

Cornejo Polar, A. (1994). *Escribir en el aire. Ensayo sobre la heterogeneidad socio-cultural en las literaturas andinas*. Lima: Editorial Horizonte.

Coronado, J. (2015). El huayno en la ciudad: la música andina. *El sexto. Revista Iberoamericana*, 81(253), 1051-1064.
Cummins, T. (2002). *Toasts with the Inca: Andean abstraction and colonial images on quero vessels*. Ann Arbor, MI: The University of Michigan Press.
de la Cadena, M. (2000). *Indigenous mestizos: The politics of race and culture in Cuzco, Peru, 1919-1991*. Durham, NC: Duke University Press.
de la Cadena, M. (2010). Indigenous cosmopolitics in the Andes. Conceptual reflections beyond 'politics'. *Cultural Anthropology*, 25(2), 334-370.
de la Cadena, M. (2015). *Earth beings: Ecologies of practice across Andean worlds*. Durham, NC: Duke University Press.
de la Jara, V. (1964). *La escritura peruana y los vocabularios quechuas antiguos*. Lima: Imprenta Lux.
de Sousa Santos, B. (2003). *Crítica de la razón indolente: contra el desperdicio de la experiencia. Para un nuevo sentido común: la ciencia, el derecho y la política en la transición paradigmática*. Vol. 1. Bilbao: Editorial Desclée de Brouwer. (Obra original publicada en 2000)
de Vries, P., & Nuijten, M. (2003). Cultural difference and the evocation of otherness: Reflections on the (mis)use of the culture concept in Andean studies. En T. Salman & A. Zoomers (Eds.), *Imaging the Andes: Shifting Margins of a Marginal World* (pp. 64-80). Amsterdam: Het Spinhuis.
Felski, R. (2015). *The limits of critique*. Chicago, IL: The University of Chicago Press.
Goldstein, P. S. (2005). *Andean diaspora: The Tiwanaku colonies and the origins of South American empire*. Gainesville, FL: University Press of Florida.
Grande, S. (2004). *Red pedagogy: Native American social and political thought*. Lanham, MD: Rowman & Littlefield.
Horswell, M. J. (2005). *Decolonizing the sodomite. Queer tropes of sexuality in colonial Andean culture*. Austin, TX: University of Texas Press.
Kraniauskas, J. (2000). Hybridity in a transnational frame: Latin-Americanist and postcolonial perspectives on cultural studies. *Nepantla: Views from South*, 1(1), 111-137.
López-Baralt, M. (1982). La crónica de Indias como texto cultural: articulación de los códigos icónico y lingüístico en los dibujos de la *Nueva corónica* de Guamán Poma. *Revista Iberoamericana*, 48, 461-532.

Marsilli, M. N. (2014). *Hábitos perniciosos: religión andina colonial en la diócesis de Arequipa (siglos XVI al XVIII)*. Santiago: Dirección de Bibliotecas, Archivos y Museos.
Marzal, M. (1978). El rito en el mundo campesino. *Revista Nuevo Mundo*, Año XII, 416-422.
McClennen, S. A. (2007). Area studies beyond ontology: Notes on Latin American studies, American studies, and Inter-American studies. *A Contracorriente* 5(1), 173-184.
Michaelsen, S., & Cutler Shershow, S. (2007). Rethinking border thinking. *South Atlantic Quarterly*, 106(1), 39-60.
Mignolo, W. (1996). Herencias coloniales y teorías postcoloniales. En B. González Stephan (Comp.), *Cultura y Tercer Mundo. Tomo II: Nuevas Identidades y Ciudadanías* (pp. 99-136). Caracas: Nueva Sociedad.
Mignolo, W. (2000). *Local histories/Global designs: Coloniality, subaltern knowledges, and border thinking*. Princeton, NJ: Princeton University Press.
Mignolo, W. (2005). *The idea of Latin America*. Malden; Oxford: Blackwell, 2005.
Mignolo, W. (2011). *The darker side of Western modernity: Global future, decolonial options*. Durham, NC: Duke University Press.
Mignolo, W., & Schiwy, F. (2003). Transculturation and the colonial difference. Double translation. En T. Maranhão & B. Streck (Eds.), *Translation and Ethnography: The Anthropological Challenge of Intercultural Understanding* (pp. 3-29). Tucson, AZ: The University of Arizona Press.
Monasterios, E. (2015). Revisionismos inesperados. La contramarcha vanguardista de Gamaliel Churata y Arturo Borda. *Revista Iberoamericana*, 81(253), 989-1013.
Muyolema, A. (2015). América Latina y los pueblos indígenas. Para una crítica de la razón latinoamericana. En E. del Valle Escalante (Ed.), *Teorizando las literaturas indígenas contemporáneas* (pp. 233-274). Raleigh, NC: Editorial A Contracorriente.
O'Toole, R. S. (2012). *Bound lives: Africans, Indians, and the making of race in colonial Peru*. Pittsburgh, PA: University of Pittsburgh Press.
Palermo, Z. (2000). *Pensar desde los márgenes andinos*. Universitas Humanística, 49, 13-27.
Platt, T., Bouysse-Cassagne, T. & Harris, O. (2006). *Qaraqara-Charka: Mallku, inka y rey en la provincial de Charcas (siglos XVI-XVII)*. Historia

antropológica de una confederación aymara. Lima: Instituto Francés de Estudios Andinos / La Paz: Plural.
Poole, D. (1997). *Vision, race, and modernity: A visual economy of the Andean image world.* Princeton, NJ: Princeton University Press.
Pratt, M. L. (1991). Arts of the contact zone. *Profession*, 33-40.
Quilter, J. (2014). *The ancient central Andes.* New York, NY: Routledge.
Quispe-Agnoli, R. (2006). *La fe andina en la escritura: resistencia e identidad en la obra de Guamán Poma de Ayala.* Lima: Fondo Editorial de la Universidad Nacional Mayor de San Marcos.
Rappaport, J. (2014). *The disappearing mestizo: Configuring difference in the colonial New Kingdom of Granada.* Durham, NC: Duke University Press.
Rappaport, J., & Cummins, T. (2012). *Beyond the lettered city: Indigenous literacies in the Andes.* Durham, NC: Duke University Press.
Rivera Cusicanqui, S. (2010). *Violencias (re)encubiertas en Bolivia.* La Paz: Editorial Piedra Rota.
Rowe, J. C. (2011). Areas of concern: Area studies and the new American studies. *Alif: Journal of Comparative Poetics*, 31, 11-34.
Salomon, F. (2004). *The cord keepers: Khipus and cultural life in a Peruvian village.* Durham, NC: Duke University Press.
Schürmann, V. B. & Bosshard, M. T. (Eds.). (2015). Orientaciones transandinas para los estudios andinos. Special issue. *Revista Iberoamericana*, 81(253).
Silliman, S. W. (2015). A requiem for hybridity? The problem with frankensteins, purées and mules. *Journal of Social Archeology*, 15(3), 277-298.
Silverman, G. P. (1998). *El tejido andino: un libro de sabiduría.* México D.F.: Fondo de Cultura Económica.
Silverman, G. P. (2012). *The signs of empire. Inka writing.* Cusco: Kopygraf.
Spivak G. C. (1999). *A critique of postcolonial reason: Toward a history of the vanishing present.* Cambridge, MA: Harvard University Press.
Strong, M. (2012). *Art, nature, and religion in the central Andes: Themes and variations from prehistory to present.* Austin, TX: University of Texas Press.
Thurner, M. (2011). *History's Peru: The poetics of colonial and postcolonial historiography.* Gainesville, FL: University Press of Florida.
Valdivia Orozco, P (2015). Configuración y constelación: algunas reflexiones sobre el potencial de unos estudios transandinos. *Revista Iberoamericana*, 81(253), 939-953.

van Dam, A. & Salman, T. (2003). Andean transversality: Identity between fixation and flow. En T. Salman & A. Zoomers (Eds.), *Imaging the Andes: shifting margins of a marginal world* (pp.15- 39). Amsterdam: Het Spinhuis.

Voss, B. L. (2015). What's new? Rethinking ethnogenesis in the archeology of colonialism. *American Antiquity*, 80(4), 655-670.

Zamora, M. (1988). *Language, authority, and indigenous history in the* Comentarios reales de los incas. Cambridge: Cambridge University Press.

Zevallos Aguilar, U. J. (2015). Archipiélagos transandinos: hacia una nueva cartografía de la transformación cultural. *Revista Iberoamericana*, 81(253), 955-971.

Zuidema, T. (2015). Guamán Poma on Inca hierarchy, before and in colonial times. En R. Adorno & I. Boserup (Eds.), *Unlocking the Doors to the Worlds of Guamán Poma and his* Nueva corónica (pp. 441-470). Chicago, IL: The University of Chicago Press.

Beyond "LO ANDINO": Rethinking Tiwanaku from the Amazonian Lowlands[1]

Denise Y. Arnold
INSTITUTO DE INVESTIGACIONES ANTROPOLÓGICAS Y ARQUEOLÓGICAS (IIAA), UNIVERSIDAD MAYOR DE SAN ANDRÉS E INSTITUTO DE LENGUA Y CULTURA AYMARA (ILCA), LA PAZ, BOLIVIA

Abstract

In recent decades there has been a long debate about the possible relevance of the archaeological site of Tiwanaku to the origins of Aymara-speaking peoples. In 2003, the Aymara leader Felipe Quispe, as part of his indigenist claims, proposed the foundation of an Aymara Republic, with Tiwanaku as its spiritual center. Since the inauguration of the presidency of Evo Morales, in 2005, Tiwanaku has become the backdrop for many state rituals, in a reinvention of this site by the Aymara faction of his government. However, many linguists hold that the site was more likely a center of Pukina or Urukilla culture, and that Aymara language was disseminated into the region long after the pinnacle of Tiwanaku civilization. Another concern is that many aspects of the Tiwanaku civilization have equally pertinent links to lowland and not just highland populations. These ideas are examined in the context of current debates about centers and peripheries, localities and globalities, in present-day reflections about the Andes, where ideas about "*lo andino*" and the centrality of Peru within Andean studies are also questioned. The paper develops an alternative view that rejects the singularity of Andean identity in the construction of Latin American identity as a whole.

Keywords: Ideological construction of the state, plurinational state, civic nation, ethnic nation, Perú, Bolivia.

Resumen

En las últimas décadas ha habido un largo debate sobre la relevancia del sitio arqueológico de Tiwanaku para los orígenes del pueblo aymara. En 2003, el líder aymara, Felipe Quispe, en su propuesta indianista, planteó la fundación de una República Aymara, con Tiwanaku como su centro espiritual. Desde la inauguración de la presidencia de Evo Morales en 2005, Tiwanaku se ha vuelto escena de ritos estatales, en una reinvención de este sitio por la facción aymarista de su gobierno. Pese a ello, el consenso entre muchos lingüistas ha sido que este sitio fue, más probablemente, un centro civilizatorio de los hablantes pukina o urukilla y que la diseminación de la lengua aymara en el Altiplano ocurrió después del auge de esta civilización. Otro punto es que muchos aspectos de la civilización de Tiwanaku tienen nexos igualmente pertinentes para las poblaciones de las tierras bajas y no sólo de las tierras altas. Se examinan estas ideas en el contexto de los debates actuales sobre centros y periferias, localidades y globalidades, que forman parte de las reflexiones actuales sobre los Andes, en que se cuestiona también los planteamientos sobre "lo andino" y la centralidad del Perú dentro de los estudios andinos. Este trabajo construye una idea alternativa que rechaza la singularidad de la identidad andina en la construcción de la identidad latinoamericana.

Palabras clave: Construcción ideológica del estado, el estado plurinacional, nación cívica, nación étnica, Perú, Bolivia.

"In the perception of many, Bolivia is an Andean country."
(Jaimes Betancourt et al., 2015, p. 207).

"Until now, direct evidence of interaction or influence [of Bolivian Amazonian cultures with the Andean area] have not been found."
(Arce, 2015, p. 31).

Recent constructions of the nation in Andean countries have been largely based on narratives closely tied to official agendas, in which proposals about origins have been key to political projects for power and modernity. These national constructions of the social imaginary are so effective that in recent years certain sectors of the indigenous movement have assumed these perspectives as their own, without more ado. Apart from the implications in these constructions for identity politics, a consequence in common in all the "Andean" countries is that these official metanarratives have artificially constructed the geographical, social and ethnic frontiers in play to privilege the "Andean" part (Villar & Combès, 2012, p. 9) while ignoring other zones, to produce what Sara Castro-Klarén (2011) calls "archeo-spaces of the nation." In these metanarratives, the highlands, lowlands and other regions are presented as homogenous blocks, as if they held quite distinct and unrelated histories and realities.

This is especially the case in Bolivia, where a high-profile invoking of the past seems to justify the substantial continuities that do still exist between pre and post contact peoples, the long linguistic continuities with the past, the rise of indigenous power, and of course Bolivia's peripheral economy, in relation to neighboring Brazil, Chile and Argentina.

Many studies (Capriles, 2003; Ángelo, 2005; Michel, 2009) have already illustrated how the role of nationalisms and sub-nationalisms in the construction of the country has served as an integral part of centralist developments of the Bolivian state. These works show how the studies of a generation ago in Bolivia, above all in archaeology but also in history and ethnography, tended to present the Altiplano as the major civilizing center of expansion in the past, reinforcing the modeling of power and dominance in the political and cultural homogenizing tendencies of the present-day Bolivian state. The same kind of nationalist agenda has fixed arbitrary national boundaries between the civilizations of Wari (usually associated with Peruvian territory) and Tiwanaku (usually associated with Bolivian territory) that were actually never limited in practice by these republican frontiers. Perceived from this same nationalist agenda, the historical links between the Bolivian Altiplano and the Chilean coast have received little attention from either Bolivian or Chilean archaeology (although Ayala, 2001, provides an interesting summary from the Chilean side). Above all, Tiwanaku has been presented as an almost exclusively highland phenomenon.

This situation continued in spite of the political changes of the last century (whether from the left, right or center), and in spite of the more dramatic changes over the last decade. Even with the consolidation of a new state, nominally "plurinational," under the presidency of Evo Morales, this almost monopolizing agenda privileging the Andes, specifically the Aymara-speaking region, continues, in what has become known as the "Andean-centrism" of this new state, at a political and ideological level. And even though within this new state there have been initiatives to "re-write" Bolivian history, the same agenda is present in recent works such as *Bolivia, su historia*, produced by the Coordinadora de Historia (Medinacelli, coord., 2015). This is all at odds with academic studies that present other possibilities.

Identity and territorial struggles for power

The objective of this essay then is to examine these power struggles for specific pasts, tied to political claims for the cultural and symbolic capital centered in the monopolizing agenda of the Andean region, and to propose alternatives. But first, it is necessary to understand the processes that structured this regional monopoly.

According to the arguments of Ángelo (ibid.), Michel (ibid.) and others, this Andean-centric skewing emerged when Bolivian archaeology first began to identify some pertinent centralizing and monumental ideas, focused around Tiwanaku civilization, in the period of the Bolivian Revolution of 1952. In presenting the series of relations between Tiwanaku, now perceived as a civilizing center, and its multiple peripheries, this nationalist archaeological model followed an evolutionary scheme that took for granted ideas about the greater social complexity of this civilizing center (and other contemporary centers such as Wari and Moche), in comparison with their peripheries, and about their forms of expansion through interchange relations with the peripheries, promoted by the religious and political elites living in these centers (Ángelo, 2005, pp. 185-6).

For Dante Ángelo, this evolutionary, homogenizing and integrationist scheme was presented most forcefully in Bolivia by the elite of the MNR party (*Movimiento Nacionalista Revolucionario*) after the popular uprising of 1952, as the dominant model for constructing a new nation relevant to all the "peoples" (*pueblos*) previously excluded, and reinforced by a democratic ideology as a vital component of the modernizing tendencies of those times (in common with countries such as Mexico and Peru) (*cf.* Anderson, 1991). The revisionist archaeological writings of the MNR activist Carlos Ponce Sanginés (based on the pioneering archaeological work at the site of Tiwanaku by the Austrian Arthur Posnansky, and the evolutionary framework of the Australian Gordon Childe), was to develop into the metanarrative driving the new political model of the Bolivian mono-cultural state, characterized by an ideology of homogenizing *mestizaje*, and without recognition of the diversity in its interior.

    At the same time, Ángelo (ibid.) identifies other influences in the decades after 1952 that were to reinforce this unilineal scheme. Amongst these, Ángelo cites the interpretations of the Anglo-French structuralist school (Saignes, 1985; Bouysse-Cassagne, 1987) on the role of the Aymara chiefdoms (or *señoríos*) in both the emergence and de-structuring of the Tiwanaku state, which for Ángelo are perceived in quite an ahistorical way, and with organizing structures (inspired by structuralism) considered similar in all parts. Ángelo also cites the great influence of the vertical model of John Murra (1972), which again emphasized the political power of highland societies over valleys and coast. And as part of this same tendency, Ángelo (íbíd., p. 191) cites a generation of studies on the forms of highland control over these other ecological levels through llama caravans tied to the expansion of the religious ideas generated by the theocratic elite from the ceremonial center of Tiwanaku (Browman, 1984; Núñez & Dillehay, 1979/1995; Kolata, 1993).

    Despite this trajectory traced by Ángelo, some of the prevalent ideas about highland dominance over the coasts and Amazonian lowlands are even earlier. Among archaeologists internationally, Betty Meggers (1971) was the key representative of conventional academic opinion from those years, with her insistence that lowland cultures, with their evident complexity, must have been the product of migratory currents originating in the highlands (Ángelo, ibid.).[2] In those years, any contrary point of view that suggested that the highlands were rather the result of settlement from migratory currents (or influences of one kind or another) originating in the lowlands (whether promulgated by the cultivation of maize or yucca, or the introduction of ceramics or architectural styles: Tello, 1930, 1960; Lathrap, 1973a and b), was considered exceptional. This situation continued until the 1990s, when the work by Anna Roosevelt (1991) on Marajo island at the mouth of the Amazonas River, in Brazil, confirmed the great sophistication of the pre-Columbian forest cultures of Marajoara (*c.* AD 800–1400), contemporary with Tiwanaku, first mooted in the nineteenth century (Schaan, 2012). From there began at last a critical posture against Meggers, reinforced by a new generation of studies of the Beni region (Michel, 1993; Erickson, 1995, 2000), and others about the wider links between lowland and highland forms of social and cultural organization (Zuidema, 1989; see also Santos-Granero, 2002, and Cavalcanti, 2014).

    In fact, archaeological evidence of lowland civilizational complexity with its far-reaching economic ties went in the face of these nationalist political interpretations, which rated highland civilizations over lowland ones. Villar & Combès (2012) argue that the migratory currents from any zone are actually inscribed in a long history of contact, and they affirm that these migrations (which tended to follow increasing productive possibilities at new ecological levels) were the norm rather than the exception (see also Martínez Acchini, 2012). For Combès (2012), Inka and then Spanish interest in the riches of Paititi were simply additional facets of these long-standing interrelated histories between highlands and lowlands, passing through the contact zones of the inter-Andean valleys and Yungas. Similarly, the expansionist politics of Tiwanaku in the Middle Horizon (AD 400-1000), and then by the Inkas in the Late Horizon (AD 1420-1535), whose social, military and political influences evidently reached the River Beni (and probably much further), were again additional features of these constant interpenetrations (Sagárnaga, 2014a, p. 40).

France-Marie Renard-Casevitz (2004) called these contacts from centuries ago "an ancient Amazonian interculturality," formed by interethnic networks of commercial exchange, brought about through by managing in the distant past "consumable" money, for example salt bread. For Renard-Casevitz, it was precisely those commercial networks that forged the common singular identity as "Amazonian" (or "Andean"). These networks, combined with their integrating role of being part of the same civilization, were key to the formation of the multiethnic confederations of the region, and concentrated participants of various languages who shared a minimum of identity: farmers, hunters, fishers, potters and weavers, in a "society of nations," in other words an early example of a "plurinational society" (Renard-Casevitz et al., 1985, 1988). From this point of view, the identity of macro-regions such as the Amazon and Altiplano are the result of interchanges between populations during millennia of flora and fauna, minerals and other resources, and also ideas and technologies. These interchanges between regions in turn presuppose the presence of incipient hunters, fishers and horticulturalists in the Andean lower eastern valleys, who maintained commerce both with their counterparts in the higher Altiplano, and below, in the great lowland savannah, Chaco and rainforest.

Archaeological evidence suggests there was even more interaction between these distinct ecological levels in the far distant Formative period (Morales Chocano, 2001), and that this continued in one form or another until the Middle Horizon. With the Inkas, the relations with the rainforest became more complex and in some areas more bellicose. It is possible that warriors of distinct cultures served as the entrepreneurs *par excellence* of economic networks between different ecological levels. Evidently the "bow and arrow" warriors from the *montaña*, on the descent to the Llanos of Mojos, served as a special caste charged with the protection of existing routes, and the task of opening up new interchange networks (Barragán, 1994). It is possible that later on, Inka warriors (both Cusqueños and regional recruits), according to the norms of the *mit'a*, also served as a kind of commercial ambassadors, in the sense of opening up these new economic spaces to guarantee a constant flow of goods towards the Inka state as a result. In this role, the warriors of Pukara and Tiwanaku, like the Inkas later on, had much in common with their equivalents in other cultural contexts, for example with the *pochtecas* or warrior-traders of pre-Columbian Mesoamerica. The professional insignia of the *pochtecas* of shaving the head before a bellicose expedition, and the use of the *tembetá* lip piercing, prefiguring their bellicose role, call our attention to similar customs in both the Amazonian lowlands and the Andean highlands (Arnold, 2012, p. 48). The Inkas penetrated the rainforest in search of Paititi, supposedly located in the Northeastern Beni, and constructed a fortress at the confluence of the Rivers Beni and Madre de Dios. This region was still densely populated in the early colonial period; accounts mention two to three thousand houses made of mud walls and mud brick (*tapia* and *adobe*), and funerary towers of mud brick throughout the zone (Recio de León, 1623/1906, pp. 254-255, cited in Pärssinen & Siiriäinen, 2003, p. 40).

With the arrival of the Spanish, the first colonial centers of power became located on the coast and in the highlands, interrupting the great interchange circuits between highlands and lowlands, for example the commercial transport of metals out to the Atlantic (Villar & Combès, 2012, p. 11), although other routes were opened up. The lowlands became regions to be feared, and yet dominated gradually. In practice, the Spanish adopted the same posture as the Inkas towards the highlands as a civilizing center, and perceived the lowlands as its opposite (cf. Ángelo & Walker, 2015, p. 39). Villar & Combès call our attention to the classification of American peoples by the Jesuit José de Acosta, as a canonical example of such Spanish precepts, which began to consolidate the contrast between Andean "civilization" (associated with complexity, social differentiation, concentration and hierarchy), and the "barbarism" of the lowlands (associated generically with simplicity, lack of differentiation, atomization and equality) (Villar & Combès, ibid., p. 21).

In practice, other issues were at play. Concerning the Spanish arrival, Villar & Combès (2012, p. 66) emphasize the tendencies to mix populations in both major regions. Combès indicates the presence, at the moment of the Spanish conquest, of Andeanized Amazonian groups, for example some

3,000 indigenous people from the zone of Santa Cruz la Vieja, who were found in Charkas (Combès, ibid., p. 75), and, in the other direction, of Andean groups (including Aymara-speakers, the Yumos), re-located as farmers in the lowlands, dressed in bark-cloth tunics (Combès, ibid., p. 74). In fact, it was the Spanish who, during the early colonial period, consolidated the earlier Inka occupation of the rainforest with thousands of people now fleeing Christianizing influences (Combès, ibid. pp. 69-70). For such reasons, Combès insists that these processes of hybridization, symbiosis and *mestizaje* constitute a point of departure, rather than the conclusion, of a long historical process (ibid.). Similarly, Combès contends that the history of the herder *ayllus* of the highlands cannot be understood without understanding their ties to the lowland populations caricatured as *chunchos*.

Apart from evidence for the pre-Conquest exchange of regional resources between each major zone (highlands and lowlands), there were exchanges of textiles and of weaving techniques. This occurred in the case of the transposed warp technique used for the straps of personal bags, which was disseminated in the Middle Horizon (AD 500—800) among groups from the Llanos of Mojos (possibly with origins in basketry there) and then upward to the Intersalar region of the Altiplano, and on to Atacama Basin, and the highlands of Northwestern Argentina, possibly mediated by the articulating valley site of Mojocoya, located near Sucre (Arnold & Espejo, 2014). Similar exchanges occurred with the selected technique called *liyi palla* o *liyi pallay* (with a dominant count of 2|1 and a characteristic variation of woven textures on the textile surface as a result of the way of warping the loom), which seems to have been practiced in the Llanos de Mojos. Again, the original dissemination of this technique dates to the Middle Horizon, possibly reaching the coast of what is now Chile. But later, perhaps driven by the Jesuit missions, this same technique was re-disseminated via the mountain passes and riverine valleys up to Cochabamba (Tapacarí) and the North of La Paz (Ayata and Mollo), and those ascending towards Macusani and the Puna region of Paratía and Cusco (Pitumarca) in Peru, as well as those leading to Northwest Argentina (Arnold & Espejo, 2012, pp. 193-197, 2015, pp. 247-251). Another such exchange occurred with the ladder techniques called "little chain" (Agüero, 2007), still practiced by Arawak groups (Ashaninga, Machiguenga) of the Peruvian Amazon, and possibly disseminated to the Altiplano during Uru-Chipayas migrations, given their lowland origins. This phenomenon is significant because, given the complexity of intergenerational transmission of weaving techniques and technologies, the evidence implies direct contacts between textile producers of both regions.

In a preliminary study of lowland textiles held in the collection of the Museo Nacional de Etnografía y Folklore, in La Paz, we also noted the corollary influences in Guarani weavings of Altiplano techniques (selected ones with 2|2 count), which they called *karakarapepo* (Combès, 1992; Arnold, Espejo & Maidana, 2013, pp. 379-381). This probably occurred during the Late Horizon, when the Inkas occupied Samaipata, and there was the presence of a contingent of Qharaqhara *mitimaes* (warriors) further down, in Saypurú, in the Chiriguana Cordillera, who defended Inka forces against the Guaraní incursions from the east, as they worked the metal mines known as the "carcaraes" (Combès, 2012, p. 69).[3]

Villar & Combès (2012) emphasize how such exchanges, shared economies and migratory currents continue until today. More is known about the massive migrations in manual labor in the rainforest rubber (*caucho*) industry, and in railway construction, with the general expansion of commerce that accompanied these at the end of the nineteenth and beginning of the twentieth century. These migrations affected not only the mestizo and white populations but also indigenous ones, especially the movements of Bolivian Guaraní populations at the time of the sugar harvest (*zafra*) into Northwest Argentina (Villar & Combès, ibid., p. 11). Given this social complexity, the continued insistence in viewing Bolivia as an "Andean" country, or of privileging of Peru as the guiding force of "lo andino," is quite at odds with the evidence.

Indigenous claims to the Andean past

In Bolivia, nationalist arguments presenting the highlands as the civilizing center of power, and to a past focused in particular on the civilization of Tiwanaku, can be heard just as often in indigenous claims for power from the year 2000 onwards.

In the great Aymara uprising of the "Mallku" Felipe Quispe, in the year 2000, there were demands for the recognition of an autonomous territory for an incipient Aymara nation. According to the 2001 *Manifesto of Jach'ak'achi* (prepared with the help of CISA, an international Indianist organization), this territory, centered on the colonial pueblo of Achacachi (re-aymarized as *Jach'ak'achi*), was part of a wider claim to the archaeological site of Tiwanaku as a key symbol of Aymara identity. The Mallku's claim was most probably spontaneous, part of a generalized recognition that his ancestors had something to do with the ceremonial apparatus of this cultural complex, much as the Aymaras claim for themselves the origins of the *morenada* dance. This idea that Tiwanaku is the Aymara site *par excellence*, is shared by local populations (Astvaldsson, 2000), by rural weavers who come from Northern Potosí to copy designs from the monoliths of this site, by famous artists such as Mamani Mamani who have developed a stylistic tendency of painting indigenista art scenes inspired by the Tiwanaku past, and by young urban musicians, who pose in front of the "Gate of the Sun" in their digital publicity videos.

But again, the reality is more problematic. Although various colonial chroniclers ("El Inka" Garcilaso among them) showed that the ceremonial center of Tiwanaku had been adored as a sacred site by local populations for centuries (even visited by the Inka himself), the development of Aymara identity, or a nationalist Bolivian identity, associated with this site, is much more recent (Kolata, 1993, pp. 1–37). And although Tiwanaku was described in travelers' accounts from the nineteenth century onwards (Rivero & Von Tschudi, 1851; Squier, 1877), as we have seen, it was only with the Bolivian Revolution of 1952 that nationalist interests chose this site as a symbol of identity. From this moment on, the archaeological visions of *Taypiqala* (the sacred "Stone at the Center" of this site) as the cosmological axis of the world, perpetrated by Carlos Ponce Sanginés, were instrumental in forging these nationalist claims.

Faced with this appropriation by nationalist *mestizo-criollos* of what he perceived as indigenous cultural capital, Carlos Mamani Condori (of the Taller de Historia Oral, THOA), in a 1992 essay, claimed Tiwanaku as a pre-existing Aymara site of what later became this dual *mestizo-criollo* project of 1952, which aimed at forging the nation through finding pre-Hispanic cultural roots, while integrating "Indian" populations into their new civilizing program (Mamani, 1992, p. 2; 1989). In a similar vein, Carlos Mamani criticized the Portugals, father and son (members of the Sanginés school), for their posture of having "discovered" Tiwanaku, and then comparing it with referents in the Old World (Nineveh, Babylon) instead of appreciating it in its own cultural terms.

However, the notions that the linguistic origins of Tiwanaku are Aymara, and that the site was erected by Aymara-speakers, are equally problematic (Cook, 1994, p. 62; Arnold & Yapita, 2005; Heggarty & Beresford-Jones, 2010). The former *mestizo-criollo* claims that the founders of Tiwanaku were Aymara or Quechua (in the arguments of Max Uhle, Middendorf, Ibarra Grasso, Markham, Riva Agüero and others) are now considered untenable, given that a generation of later studies in linguistics have showed that they were more probably pukina or urukilla speakers (Cerrón-Palomino, 1998;

Torero, 1998; cf. Gonzalez de la Rosa, 1910). Current linguistic evidence suggests that the spread of Aymara language to the Tiwanaku region occurred long after the pinnacle of Tiwanaku civilization, in about the thirteenth century (possibly as a widely disseminated *lingua franca* between pasturalists), followed by the spread of Quechua there in the fifteenth century (Heggarty, 2008; Beresford-Jones & Heggarty, 2011; Heggarty & Beresford-Jones, eds. 2012).[4] A recent genetic study also claims that Tiwanaku populations were actually much closer to present-day Amazon and Quechua populations than to Aymara ones (Korpisaari & Pärssinen, 2011, p. 138, cited in Sagárnaga, 2014a, p. 33).

Ethnic ceremonialism in nationalist settings

In practice then, Bolivian nationalism directed towards the site of Tiwanaku, put into motion by Ponce Sanginés and then incorporated into historical and school textbooks, were read and absorbed by both indigenous and non-indigenous readers alike, as part of an irrefutable social imaginary, which had little to do with research or regional histories. In Peru, the assimilation of the Inkas by Peruvian nationalism followed a similar trajectory.

This is probably why the Katarist indigenous movement elected Tiwanaku to proclaim and give name to their first manifesto, in 1973. Tiwanaku was definitely not Inka (in the sense of Peruvian) and so seemed apt to represent a new form of nationalism that combined the indigenous (in particular the Aymara) with the Bolivian. This proclamation was a secular and political rite, still without the incipient Andean spiritual tinges. In fact, modern tensions between Peru and Bolivia, centered in the relatively recent delimitation of their frontiers, also contributed to this nationalist reconstruction of the past. So just as Tiwanaku became a national symbol for Bolivians, so Incaic Cusco (and to a lesser degree the other Middle Horizon site of Wari) became equivalent symbols for Peruvians.[5]

The investiture of Tiwanaku as a modern Andean sanctuary began in around 1970, when a small group of Katarist and Aymara intellectuals, the majority of them associated with THOA (Taller de Historia Oral Andina), together with the local *yatiri*, Rufino Paxsi, decided to celebrate a *sui generis* ritual on the night of 20 and 21 June, coinciding with the Winter Solstice. This ritual began at a certain distance from the ruins, in Paxsi's house in the community of Warayu, where a replica of the Gate of the Sun had been erected, and the group began their pilgrimage thence towards the ruins to acknowledge the sunrise. Their objectives were personal: to regain contact with ancestral religiosity and to liberate themselves from an imposed Christian religion (Spedding with Arnold, 2009, pp. 321-322).

In the following years, more participants joined these events, until the whole ritual sequence was transferred to the ruins. But the social actors in these rituals were still allies and ideological sympathizers of the aforementioned founders, who maintained the same objectives of renovation and personal cultural commitment. For example, a couple of the members of THOA, previously married in a conventional Catholic ritual, returned to Tiwanaku to celebrate their marriage as an "Aymara wedding," invented by themselves and by Paxsi (Cáceres, 2004, p. 81).

The big change occurred after 1989, as a result of a conference about the ritual held in MUSEF (Museo Nacional de Etnografía y Folklore) in La Paz. Whether by ingenuity or just commercial interest, a tourist agency widely publicized the announcement of an "Aymara New Year" and the event grew massively in scale, attracting participants interested in contacting their ancestral spirituality by participating in an "authentically" Andean ritual, as well as those interested in a night of bonfires and booze against an exotic backdrop. An officiating priesthood expanded to keep pace with the number of participants, and new episodes were introduced into the original ritual sequence, for example a local chorus of young women called ñustas or Inka princesses, which was not an Aymara title at all (Spedding with Arnold, 2009, pp. 321-322).

The solstice ritual directed by local *yatiris* (shaman-priests) became an integral part of the MNR policies of the first government of Gonzalo Sánchez de Losada, whose populist stance led him to appropriate many folkloric ceremonies of this kind (Arnold & Yapita, 2005). The combination of spiritual rebirth, political reaffirmation, diversion and gain, meant that these rituals around 20-21 June came to be replicated in other sites: Jesús de Machaqa, the Island of the Sun, a hilltop near the city of Cochabamba, and then Fort Samaipata. The same happened in Peru, beginning with the neo-Inka rituals of Inti Raymi, reinvented in 1944 by a group of governmental functionaries, and then taken over by a group of anthropologists and other intellectuals, which included José María Arguedas (De la Cadena, 2004, chap. 3).

While the success of the ceremony celebrated annually at Tiwanaku on 20 and 21 June attracted some twelve visitors to the site in the 1980s, ten thousand attended in the year 2006, including the President elect of Bolivia, Evo Morales. The consecration of Tiwanaku as a national indigenous sanctuary was made official on 21 January 2006, when Morales himself, a day before assuming office, chose the ruins for a blessing ceremony, in an

Figure 1.1. The re-inauguration of President Evo Morales at the site of Tiwanaku in 2012. Source: http://cdn.elpais.cr/wp-content/uploads/2015/01/Evo-Morales.jpg.

autochthonous swearing-in prior to the official act the following day before Congress. The indigenous act was intended to contribute in the symbolic capital which the site of Tiwanaku had acquired for decades. The first part, on top of the Akapana pyramid, seems to have been motivated by religious ends rather than publicity for the mass media, as the presence of journalists with cameras was strictly prohibited; only the would-be President and his *cortege* of *yatiri* priests could intervene. The second part, celebrated on the steps in front of the Qalasasaya portal, televised globally, was the object of criticism condemning, among other things, that the introductory phrases of his address, in Aymara, contained errors of protocol, that Morales did not know how to hold properly his staff of office, and his use of a Wari tunic instead of a Tiwanaku one. On 22 January 2012, with Morales' re-elected as President, the act had matured, and Evo was able to re-affirm in the Tiwanaku ruins the indigenous identity of his revolution (Figure 1.1). Apart from these reinventions of the traditions of a nation-state, centered on Tiwanaku, it is rumored that the President, together with members of his close circle, offer sacrifices there when state affairs are not going well, for example after the deaths of the miners of Huanuni in 2006.

Territory and nation

Against a backdrop of rites such as this, to what degree has the new plurinational state of Bolivia been able to overcome the Andean-centric skewing in its formation? In practice, before Morales' government, territorial complexity at a national level was at least recognized, with the invitation of Cruceños to conform certain ministries. However, an indigenous presence was ignored, apart from the Viceministry of Indigenous and Peasant Affairs, and, as a whole, the apparatus of the republic state ruled supreme. But despite the changes in the state armature of Evo Morales' government and its recognition of an indigenous presence, at least at a ceremonial level, the republican elements still have major status and privileging within the Bolivian state. The problem is that the composition of the plurinational state, which in reality should have functioned as a "pluriethnic" one (in Luis Tapia's terms of 2008), with the representation of the 37 and more indigenous nations of the country, has only worked at a rhetorical level, tending to favor the presence of members of the MAS (Movimiento al Socialismo) party of Morales. According to calculations of the seats in parliament of the two Morales governments to date, there has been between 4 and 7% of indigenous representation of the total at a national level, and 28% of the total at a regional level, figures far below the much greater indigenous representation proposed by the Constituent Assembly of 2006-2009 (Schavelzon, 2012).

And what about the role of the lowlands in this plurinational state? After taking office, Evo Morales, with his Aymara *colla* background, was reluctant to recognize the opposing political power of Santa Cruz, surrounded by its "Half Moon" *camba* block of departments formed from the lowland Llanos (tropical savannah), Chaco and Amazon regions of the country. In fact, Morales could not enter Santa Cruz in person from September 2006 until 16 April 2009, given the dangers posed by the autonomous movement seeking its own political power (financed by massive incoming royalties from gas and petrol). In fact, the long-standing opposition between *collas* (highlanders) versus *cambas* (cruceños) for the control of the nation was at the roots of decades (almost centuries) of political struggle, including their distinct interpretations of the past (Barton in press). Finally, in a bid for political supremacy over the whole nation, the MAS party opted to dismantle this whole opposing *camba* axis.

At a more popular level, lowland indigenous groups began to celebrate their own rituals in parallel with what happened in Tiwanaku. From the year 2000, each 21 June the ceremony of a new "Andean-Amazonian New

Figure 1.2. Guaraníes wait for the Morning Star in the ancestral ceremony of that name. Source: Government of the Autonomous Department of Santa Cruz web page: http://www.santacruz.gob.bo/imagenes_galeria/18062012182026lucer odelalbaenscz4.jpg.

Year" was celebrated at the foot of the largest engraved rock "in the world," Fort Samaipata. This archaeological site, some 120 km from Santa Cruz de la Sierra, became the epicenter of eastern and western lowland cultures giving expression to their ancestral traditions, and, each year, representatives from the Guarayos, Ayoreos, Yuracaré-Moxeños and Guaraníes, arrived there to celebrate the ritual of *Yasitata Guazu* or "the Morning Star" (*Lucero del Alba*) (Figure 1.2). Meanwhile, Andean residents in the lowlands and indigenous groups originally from Lake Titicaca, congregated at this same archaeological site to celebrate their own rites, following ancestral custom. These rituals attracted more than 2000 national and foreign visitors, according to the Municipal Government of Samaipata, which in coordination with the Cruceño Government prepared special programs of festivities, directed towards augmenting tourism in the zone. In Samaipata, as in the case of the Aymara New Year in Tiwanaku, the presence of regional political authorities is sought at the event, and in 2012, the Cruceño Governor, Rubén Costas, participated in the Guaraní Morning Star ritual (*El Día*, 2012), only to find his role there usurped by President Morales in following years.

Routes and connections between highlands and lowlands

Ironically, the sites selected for these reinvented ceremonies underwrite the pluriethnic composition of former Andean states. Although Tiwanaku, as a theocratic state, had its ceremonial center in the Altiplano, its survival depended on its diverse ethnic composition and multifaceted interrelations (Kolata, 2004), which are possibly illustrated in the diverse lithic heads mounted on the walls of the semi-subterranean temple. Tiwanaku had relations with the Wari to the north and a Wari presence in frontier zones to the east, to coastal products through contacts with the western coastal valleys, and, to valley and rainforest products through the cordillera openings to the east. Early on, there were also contacts with the other center of contemporary power, Mojocoya, further south, possibly charged with interethnic relations with the Circumpuna region of the saltflats, with the Interandean valleys of Chuquisaca and Cochabamba to the east, and hence with the Llanos of Mojos, and the Amazonian and Chaco lowlands further afield, as these areas were important sources of maize, coca and cotton (Hastorf et al., 2006). These ties must have been consolidated with the offering of materials (chonta palmwood, feathers, textiles, hallucinogens) from these multiple zones to the ceremonial sites of Tiwanaku. The MNR party reconstituted the "empire" of Tiwanaku as an openly Andean phenomenon, but in practice, this "empire" had already demonstrated some of the possibilities of a plurinational state.

In the distant past, Fort Samaipata was another key articulating site between Andean highland populations and those from the Amazon basin. Some authors relate the early developments of Fort Samaipata, before its use by the Inkas against the Guaraní, with other groups from the savannah including the Yuracaré, and mention Mojocoya influence in the ceramics (Meyers, 2015; Meyers et al., 2015, p. 13). The archaeologist Omar Cauré also proposes that in its earliest stages, Samaipata had possible ties with the Arawak and Chané people of the Llanos of Grigotá, fleeing from those same Guaraní excursions.[6] The Chiriguano incursions against the forces of the Inka Yupanqui dated to around 1430.

Curiously the 1524 incursion of two thousand Guaraníes (Chiriguanos), accompanying a band of indigenous people from the Atlantic coast, and a group of Portuguese allied to the adventurer Aleixo García, in search of fine clothes and metal objects, made up the first European invasion of Andean territory under Inka dominion (narrated by Nordenskiöld in 1917 on the basis of sources in Guzman, Techo and Fernández). However, this event passed unnoticed in most Bolivian school textbooks, in favor of the historical narration about the invasion by Spaniard Francisco Pizarro and his small company, via Cajamarca and Cusco, some years afterwards. García knew the Guaraní language well, and persuaded many Guaraní groups to follow him, to invade the highlands between Mizque and Tomina, at the same altitude as Samaipata. After invading and destroying many villages, García's expedition continued for 40 leagues, up to the outskirts of Presto and Tarabuco (near Sucre), where they retreated without suffering losses against a contingent of numerous Indians from Charkas. As a consequence of this attack, the Inkas fortified the whole border between highlands and lowlands with forts such as Samaipata and Cusco-Toro, in which they left garrisons. With their booty of textiles and gold and silver objects, García and company informed the Portuguese about their exploits in Charkas territories, and several other expeditions sought to invade these Inka territories, but without the same luck.

Recent archaeological and ethnohistorical studies present ample evidence that these highland-lowland contacts are longstanding (Pärssinen & Siiriäinen, 2003; Rivera ed., 2003; Korpisaari & Pärssinen, 2011; Sagárnaga, 2014a; see also Renard-Casewitz, 2004; Renard-Casevitz et al., 1985, 1988). This evidence points specifically to contacts between Tiwanaku and the Beni region (Sagárnaga, 2014a), and between Mojocoya, the contemporary site to the south, and the Llanos de Mojos (Branisa, 1953/1957). With reference to similar developments in both regions of agricultural mounds and raised field cultivation, Walker underlines the fact that the city of Tiwanaku is less than 300 km from the westernmost sites of Mojos where these constructions can be found. Several Mojos contexts date to the time of Tiwanaku and before (Walker, 2004; Jaimes Betancourt, 2010). Both regions also have elevated fields for cultivation, although present data suggests that these were independent developments (ibid.; see also Hornberg, 2005).

The contacts in distinct periods between the highlands and coastal region are examined by Ayala (2001), Cases & Loayza (2010), and Barros (2013). However, the contact routes between highlands and lowlands are more detailed. The mountain passes and riverine openings on the descent towards the savannah, were the focus of traffic in yucca, feathers from tropical birds, honey, chonta palmwood, substance to dye textiles, guairuro seeds, coca leaves, dried fish, meat from the large carnivores such as painted jochi and an infinite number of other articles. We know more about the exchange routes of plants and other psychoactive substances. Constantino Torres proposes that the use of psychoactive substances originated in the Amazon basin, home to the plants which formed the basis of these powders. For example, vilca (or virila) seems to have originated in the Negro River basin, in Colombia, and the pertinent variety of *Anadenanthera* in South America grows on the herbaceous slopes of the tropical and subtropical zones of the continent. In the pattern of distribution of these psychoactive powders, evidence suggests that these were transferred from the Amazon basin via de Caqueta River towards the Colombian massif and the savannah of Bogotá, or via Huancabamba in Peru, and then via the Beni River of Bolivia and Pilcomayo of Argentina. Torres cites evidence that psychoactive substances were carried to the coast and the western Andean slopes from the distribution axes stretching out from Huancabamba (Von Hagen en Wassen, 1965, p. 80).

One of the access routes from Pukara and Tiwanaku to obtain rainforest products, including these narcotic substances, went via the mountain pass of Niño Korin, and thence to tributaries of the Madre de Dios and Beni, to the north of La Paz (Torres, 1986, pp. 49-50). Other evidence of contact suggests that the zone of San Pedro de Atacama and the Atacama Basin as a whole had lowland access via the River Pilcomayo in Northern Argentina, and the River Beni in Bolivia (ibid., p.50). Torres suggests that until the 1970s there was still traffic in vilca powder between the Chaco and the west of Paraguay, and the area of the Pilcomayo inhabited by the Matacos (Califano, 1975, p. 46).

Less known are the contact routes to obtain the tablets for ground tobacco or snuff (*rapé*). In the case of the so-called "Amazonian stone idols," whose frequent perforations in pairs suggest they were used for snorting snuff (Porro, 2010), much evidence implies long-distance ties between the Andes and the region of Santarém (Brazil), where the majority of these artifacts were found (decontextualized) in the nineteenth and twentieth centuries (Aries da Fonseca, 2006). Interestingly, these "idols" present motifs of zoomorphs (felines and tortoises) and anthropomorphs, as individual figures or associated with others, or else with zoomorphic beings "at times fantastic" (perhaps illustrating a shaman's moments of transformation) (Porro, ibid.). A common form of association between these figures is that of the animal (real or not), mounted on the head and shoulders of a human, masculine or feminine. In the highlands, the counterpart of this man-feline (often a jaguar) figure is the *chachapuma* or puma-man of Tiwanaku, equivalent to the *otorongo* of the Inka period. In both regions, these transformations were probably accompanied by consuming hallucinogens, as the puma-man is a common feature in the iconography of snuff tablets and associated paraphernalia from the South-Central Andes (Llangostera, 2006; Horta, 2012) (Figure 1.3, page 43).

Figure 1.3. A feline devouring an anthropomorph on a spoon handle, probably used for measuring psychoactive substances (ca. AD 700-1000). Source: Object 093 (16.3 cm high) in the collection of the Museo arqueológico "R. P. Gustavo Le Paige S. J.," San Pedro de Atacama, Chile, in Llangostera & Torres (1988 [1984], p. 41).

The exchange of ideas

Given these longstanding networks of contact and exchange crisscrossing the Yungas and valleys to reach the eastern savannah (or western coast), and the fact that a concept of culture areas in Bolivia is still very rooted in ideas about centers and peripheries, with all their evolutionary baggage, how can we challenge the social imaginary that predominates until now, which insists on perceiving just the separations and ruptures of these imagined cultural bubbles?

Alternative ways of examining cultural complexes that trace evidence of cultural continuities between diverse ecological zones through time, rather than these separations would be an appropriate place to start. This means rethinking Andean sites such as Tiwanaku, and their counterparts in the lowland plains, as complexes of ideas and transformations in common. What interests me is the proposal that many aspects of Tiwanaku, like Mojocoya, are not after all so very Andean.

With reference to lowland flora and fauna, apart from representations of New World monkeys (Cebidae) in ceramics and stone from Tiwanaku and its surrounding sites (Chojñacotaña and Pariti), cranial remains of these animals found in the urban center show that they were physically present there (Sagárnaga, 2014c, p. 48).

Another example that merits more research is the so-called "feline complex," named as such in a well-known article of 1972 by the Argentine archaeologist Alberto Rex González. With this term, the author was not referring to lowland cultures at all but to the Andean cultures of Northwest Argentina. The feline complex, especially that of the feline-man, is linked to bellicose practices on the one hand and shamanic practices on the other (Almeida, 1988, pp. 221-222; Fausto, 1999), while forming part of much larger cycles of warfare and then more peaceful interludes (Chávez, 1992, 2002). Our attention is drawn immediately to the importance in these cycles of the feline figure, in the lowlands and the highlands. There is ample evidence that lowland warriors assume the figure of a feline as part of their own transformation into the depredatory figure of the man-feline, as the necessary precondition for achieving success in the incursions that take place in the bellicose (or depredatory) pole of this cycle (Fausto, ibid., among others). There is also evidence that in some lowland warrior cultures, a young man has the obligation to pass a rite of passage by killing a feline known by its name, to then assume this name as his own. In various groups, the warrior par excellence is dressed in the skin of the killed feline, whether as a headdress or constructed as a tunic or caparison in which the seams of the skins cross over on his breast. Sagárnaga (2014a, pp. 36-37) notes how this form of dress characterized representations of *chunchos* in the iconography of neo-inka and colonial inka *qeros*.

Apart from the Tiwanaku figure of the *chacha-puma,* there is evidence of the activity of such carnivores on sacrificial bones found at the base of the south-eastern corner of the Akapana pyramid (Blom & Janusek, 2004, p. 127). In the architecture of Tiwanaku, systems of tunnels and low chambers might have housed these animals in certain seasons of the year (as was done centuries later, in Inka times, in Cusco), and the remains of a fox or puma have been found in an entrance to this subterranean world (Manzanilla & Woodard, 1990, p. 136). In the contemporary site of Pukara, at the other end of Lake Titicaca, there is a developed iconography around the Feline man theme, and his female counterpart, the Camelid woman (Chávez, 2002).

In relation to the feline complex, in periods contemporary with Tiwanaku, there is evidence of the use of textiles with designs of feline spots (or pelage), mainly in the high status colors of blue and red, made with the technique of tie-dyeing (called in Aymara *qhawata*). Garments with this tech-

Figure 1.4. The San Pedro closed rectangular tunic with a feline above and two-headed serpent below. Source: Quitor-2, n° 1983:15, in the Museo Arqueológico "R. P. Gustavo Le Paige, S. J.," San Pedro de Atacama, Chile.

nique have been found in sites in the Western valleys, the coast and Atacama basin, but they do not seem to have been made in the high Altiplano around Tiwanaku or in the Central Interandean valleys. This suggests that the use of these textiles was restricted to zones of interaction (Cases & Agüero, 2004), with the presence of warriors associated with exchange networks (for example in the Western Valleys stretching from Peru to Chile, in the Pica-Tarapacá region bordered by the River Loa, and in Aguada, in Northwest Argentina). According to the materials available, the technique of tie-dyeing was used in turbans, short skirts and mantles in the Norte Grande (of Chile) since the end of the Archaic period (1500—1000 BC), and, later on, from the first half of the Late Intermediate Period, in tunics (Cases & Agüero, 2004). The majority of tie-dyed garments from the Middle Period are concentrated in Atacama territory, specifically in San Pedro and Chiu Chiu, and not to the north. During the Late Intermediate Period, the main concentration of textiles presenting this technique corresponds to the Pica-Tarapacá complex, within the textile tradition of the Western Valleys. The main part of these garments are tunics and mantles constructed in a union of red and blue or else ochre and blue modules, through techniques of discontinuous warp. The only tunic that presented figurative motifs of the Aguada type was found in

San Pedro, with a feline and two-headed serpent or amphisbaena (Figure 1.4, page 45). Possibly the vital nexus of these designs with the rainforest goes up to Aguada, and from there it has been disseminated to the Atacama Basin and the Chilean coast.

The psychotropic complex is another cultural practice held in common in both regions, as is the use by males of the *tembetá*, a personal adornment pierced into the upper or lower lip, related to warfare practices and to shamanism. Although the practices of wearing the *tembetá* did not originate in Tiwanaku, nevertheless many heads wearing this adornment can be seen in *qeros* and other ceramic objects, with additional examples in bone, stone and mineral found in various sites from the Tiwanaku period (Bennett, 1936; Iribarren, 1950; Posnansky, 1957; Cordero Miranda, 1957), and more recently in findings from the isle of Pariti (Sagárnaga, 2007, 2014b; Korpisaari et al., 2012). However, the implications of these findings have not been explored in the context of possible links between Tiwanaku and lowland groups that used such personal adornments. Until now, male Guaraní warriors use the *tembetá*, and there are descriptions of their recent use among the Kaiová (Schaden, 1954, p. 111; Chamorro, 1995, p. 63), the Barasana (Hugh-Jones, 1979), the Jivaro or Achuar, in rituals destined to search for the warrior spirit or *arutam* (Descola, 1993) and the Tupinamba (Fausto, 1999). A greater understanding of these common practices needs much further work.

Conclusions

I examined here the difficulties caused by the "Andean-centric" skewing behind national constructions of those countries now called "Andean." This skewing forms part of a social imaginary so rooted in these nations that they also affect indigenous groups, while forming integral part of a state apparatus, which is equally difficult to deconstruct. I centered my attention on the case of Bolivia, exploring ways in which, in these official constructions, other identities have been passed over, especially the role of the lowlands to the east of the country (including the Llanos de Mojos, the Amazon basin and the Chaco), although I am also conscious that other vital influences, such as that of Magreb, have also been ignored.

My argument, following on from others, holds that it was the archaeological constructions from the new Bolivian state of 1952, forged by activists of the MNR party, who put into motion the elements of this social imaginary, centered in Tiwanaku, located in the high Altiplano, as the founding model of the nation. From there on, the nation has been thought about "Andeancentrically," in a centrist and evolutionary model that perceived other regions of the country, in particular the lowlands, as peripheries, forgotten and excluded lands still to be conquered, civilized and developed. The same notions have been present until now in the indigenous movement, which has sought to reconstruct Tawantinsuyu in an equally Andean-centric way, in spite of evidence that the Inkas had contacts with the rainforest and derived many ideas from these ties (Gustafsson, 2009). This agenda has had negative effects until today, where a consensus politics to forge a nation in common has still not happened. This underlying agenda begs the question: why has this Andean-centric skewing been constructed in this way? It is perhaps because the reformist politics of MNR could not see further than the agrarian reforms of the high Altiplano, perceiving the lowlands as little more than empty space to be colonized.

The irony is that one of the fundamental challenges in the Bolivian case, still to be realized, is that of exploring the reality of a "plurinational state" and its possibilities in practice, given that this task has never been carried out in any depth, not even in the Constituent Assembly of 2006-2009. To my way of thinking, this exploration should privilege the premise that the centers and peripheries of the Andes (or the Amazon Basin) are not singular, and this research should be oriented towards rethinking the Andes from the lowlands and vice versa.

Thinking about the connections across Bolivia, instead of its internal divisions, would help us construct new models of productive, technological and ideological exchanges. It is equally important that this task should have ties with education and museum programs in the country, and the incipient ties between them. We should think what a plurinational historiography might be and, similarly, an archaeology oriented towards a pluriethnic identity (Capriles, 2003). Over the last decade, we have been able to count on the institutional support in this task from organizations such as PIEB (Programa de Investigación Estratégica), which have produced some advances in the research of relevant themes. One disadvantage is that until now the Bolivian state under Evo Morales has become even more centralized (establishing democratic centralism), instead of becoming more decentralized, making this possibility ever more remote. A recent study in PIEB perceived this problem in terms of a reconstructed "civic" nation that dominated the "ethnic" nation in its interior, in which indigenous inclusion has been little more than an "epidermic wrapping" covering the "rigid frontier" of the much more important republican state (Torrez, 2014).

The reality described here demonstrates key moments in the past (in the Tiwanaku and Inka states) when the territory which is today Bolivia was composed of a pluri-ethnic system of nations within a state (or states) in common. As on many occasions, a first step in the tasks awaiting us is that of "going forward by looking back" (as they say in Aymara, *qhip nayr uñtasaw sartaña*), given that without this understanding, we are limited by the set of unreal clichés we are living at this moment in time.

Acknowledgements

A schematic version of this paper was presented at the international LASA (Latin American Studies Association) Conference in 2014: "Democracy & Memory," in the Panel: "A Critique of Andean Reason, an Interdisciplinary Approach." It forms part of an ongoing project with colleagues in Argentina, Peru and Brazil, on links between highland and lowlands throughout the continent. Thanks to Elizabeth Monasterios for the invitation to present an essay in the LASA 2014 conference in Chicago, to Carlos Abreu for chairing the session and for his editing skills later on, to Sara Castro-Klarén for her commentary, Stephen Nugent for his critique, Jédu Sagárnaga for some bibliographic support, and Juan de Dios Yapita for his incentives and corrections.

Notes

1. Correspondence concerning this chapter should be addressed to: deniseyarnold@ilcanet.org.
2. Meggers appealed later on to explanations that lowland cultures came from the Caribbean or even Japan.
3. See also Meyers (1998, 1999), Meyes & Ulberto (1997) and Combès (2009).
4. These linguistic ideas that Aymara language was disseminated to the Tiwanku region after its heyday does not imply a civilizational or poblational rupture in the region, rather that Tiwanaku absorbed Aymara in addition to the other languages spoken there by diverse groups of fisherfolk, herders and farmers. Archaeological work has not found evidence of civilization or poblacional ruptures between these two periods, but rather continuities. Our work on textiles from the region also confirms continuities in weaving practices and iconographic patterns rather than ruptures in these periods (Arnold & Espejo, 2013, ch. 8).
5. The book *El Cusco, paqarina moderna* by Yazmín López (2007), reconstructs the complex processes in the cultural development of Cusco as a modern space, yet with historical continuity with the past, from the beginning of the twentieth century. Thanks to Carlos Abreu for drawing my attention to this reference.
6. Personal communication from Walter Sánchez.

References

Agüero P., C. (2007). Los textiles de Pulacayo y las relaciones entre Tiwanaku y San Pedro de Atacama. *Boletín del Museo Chileno de Arte Precolombino, 12*(1), 85-98.

Aires da Fonseca, J. (2007, August 6). Do século XIX ao XX: cartas e publicações sobre os ídolos de pedra amazônicos (Partes 1 e 2). *História e-história.* Retrieved from http://www.historiaehistoria.com.br/materia.cfm?tb=arqueologia&id=9.

Almeida, M. W. Barbosa de. (1988). Dilemas da razão prática: Simbolismo, tecnologia e ecologia na Floresta Amazónica. *Anuario Antropológico, 86,* 213-226.

Anderson, B. (1991). *Imagined Communities. Reflections on the origins and spread of Nationalism.* London & New York: Verso. [1983].

Ángelo, D. (2005). La arqueología en Bolivia. Reflexiones sobre la disciplina a inicios del siglo XXI. *Arqueología sudamericana / Arqueologia Sulamericana, 1*(2), 185-211.

Ángelo, D., & Walker, J. H. (2015). South America, archaeology of. In J. D. Wright (Editor-in-chief), *International Encyclopedia of the Social & Behavioral Sciences* (2nd edition, Vol. 23, pp. 36-42). Oxford: Elsevier.

Arce, S. (2015). Historia prehispánica: reflexiones y debate. In X. Medinacelli (Comp.) *Bolivia, su historia. Tomo I. De los orígenes a los estados prehispánicos 10000 a.C. – 1540 d.C.* (pp. 19-32). La Paz: La Razón & Coordinadora de Historia.

Arnold, D. Y. (2012). *El textil y la documentación del tributo en los Andes: los significados del tejido en contextos tributarios.* Lima: Colección Artes y Humanidades.

Arnold, D. Y., & Espejo, E. (2012). *Ciencia de tejer en los Andes: estructuras y técnicas de faz de urdimbre.* La Paz: Fundación Cultural del Banco Central de Bolivia, Fundación Xavier Albó, Fundación Interamericana & Instituto de Lengua y Cultura Aymara.

Arnold, D. Y., & Espejo, E. (2013). *El textil tridimensional. La naturaleza del tejido como objeto y como sujeto.* La Paz: Fundación Xavier Albó, Fundación Interamericana & Instituto de Lengua y Cultura Aymara.

Arnold, D. Y., & Espejo, E. (2014). Lazos forestales: técnicas y diseños de los tirantes de bolsas personales de Mojocoya, como expresiones del alcance de los intercambios regionales en los Andes Sur Centrales durante el Horizonte Medio. *Arqueoantropológicas, 3*(3), 59-92.

Arnold, D. Y., & Espejo, E. (2015). *The Andean science of weaving: Structures and techniques of warp-faced weaves*. London & New York: Thames and Hudson.

Arnold, D. Y., Espejo, E., & Maidana R., F. L. (2013). *Tejiendo la vida: la colección textil del Museo Nacional de Etnografía y Folklore, según la cadena de producción*. La Paz: Fundación Cultural del Banco Central de Bolivia & Musef.

Arnold, D. Y., & Hastorf, C. A. (2008). *Heads of state: Icons of power and politics in the ancient and modern Andes*. Berkeley, CA: Left Coast Press.

Arnold, D. Y., & Yapita, J. de D. (2005). Strands of Indigenism in the Bolivian Andes: Competing juridical claims for the ownership and management of indigenous heritage sites in an emerging context of legal pluralism. *Public Archaeology, Vol. 4*, 141-149.

Astvaldsson, A. (2000). *Las voces de los wak'a*. La Paz: CIPCA Cuadernos de investigación 54.

Ayala, P. R. (2001). Las sociedades formativas del Altiplano Circumtiticaca y Meridional y su relación con el Norte Grande de Chile. *Estudios Atacameños, 21*, 7-39.

Barragán R., R. (1994). *Indios de arco y flecha. Entre la historia y la arqueología de las poblaciones del Norte de Chuquisaca (siglos XV-XVI)*. Sucre: Ediciones Asur 3.

Barros, A. (2013). *El Collasuyo truncado: comentarios sobre la evolución administrativa, cartográfica y geopolítica del poblamiento étnico del Centro Sur Andino circumpuneño (Atacama, Lipez y Tarapacá)*. Report for ILCA carried out at the Universidad Católica del Norte, San Pedro de Atacama, Chile, as part of the project Weaving communities of practice financed by the AHRC of the UK.

Barton, K. C. (in press). History, education, and identity politics in a divided Bolivia. *Bolivian Studies Journal*, Forthcoming.

Bennett, W. C. (1936). Excavations in Bolivia. *Anthropological Papers of the American Museum of Natural History, 35*(4), 329-507.

Beresford-Jones, D. G., & Heggarty, P. (2011). What role for language prehistory in redefining archaeological culture? A case-study on New Horizons in the Andes. In B. W. Roberts & M. Vander Linden (Eds.), *Investigating archaeological cultures: material culture, variability, and transmission* (pp. 355-386). New York: Springer.

Blom, D. E., & Janusek, J. W. (2004, March). Making place: Humans as dedications in Tiwanaku. *World Archaeology, 36*(1), The Object of Dedication [Special Issue], 123-141.

Bouysse-Cassagne, T. (1987). *La identidad aymara. Aproximación histórica (siglo XV, siglo XVI)*. La Paz: Hisbol.
Branisa, L. (1957). Un nuevo estilo de cerámica precolombina de Chuquisaca. Mojocoya tricolor. *Arqueología boliviana* (Primera Mesa Redonda. Publicación dirigida por Carlos Ponce Sangines) (pp. 287-317). La Paz: Biblioteca Paceña – Alcaldia Municipal. (Original work published 1953)
Browman, D. L. (1984). Tiwanaku: Development of internal trade and economic expansion in the Altiplano. In D. Browman, R. Burger & M. Rivera (Eds.), *Social and economic organization in the Prehistoric Andes* (pp. 117-142). London: British Archaeological Reports.
Cáceres, Sandra (2004). La invención de la tradición del Año Nuevo Aymara en Tiwanaku. (Tesis de licenciatura inédita). La Paz: UMSA, Carrera de Sociología.
Cadena, M. de la. (2004). *Indígenas mestizos: Raza y cultura en el Cusco*. Lima: Instituto de Estudios Peruanos.
Califano M. (1975). El chamanismo Mataco. *Scripta Ethnologica*, III, *3*(2), 7-60.
Capriles, J. M. (2003). Arqueología e identidad étnica: el caso de Bolivia. *Chungara, Revista de Antropología Chilena, 35*(2), 347-353.
Cases C., B., & Agüero P., C. (2004). Textiles teñidos por amarras del Norte Grande de Chile. *Estudios Atacameños, 27*, 117-138.
Cases, B., & Loayza, C. (2010). *Conexiones territoriales vinculadas a la producción textil en relación al estilo tecnológico en textiles*. Report for ILCA, carried out at the Universidad Católica del Norte, San Pedro de Atacama, Chile, as part of the project Weaving communities of practice financed by the AHRC of the UK.
Castro-Klarén, S. (2011). *The narrow pass of our nerves. Writing, coloniality and postcolonial theory*. Madrid / Frankfurt: Iberoamericana Vervuert Verlag.
Cavalcanti-Schiel, R. (2014). Cómo construir y sobrepasar fronteras etnográficas. Entre Andes y Amazonía, por ejemplo. *Chungara, Revista de Antropología Chilena, 46*(3), 453-65.
Cerrón-Palomino, R. (1998). Examen de la teoría aimarista de Uhle. In P. Kaulicke (Ed.), *Max Uhle y el Perú antiguo* (pp. 85-120). Lima: Pontificia Universidad Católica del Perú, Fondo Editorial.
Chamorro, G. (1995). *Kurusu Ñe'ëngatu: no palabras que la historia podría olvidar*. São Leopoldo: IEPG/COMIN.

Chávez B., S. J. (1992). *The conventionalized rules in Pucara pottery technology and iconography. Implications for socio-political developments in the northern Lake Titicaca basin* (Vols. 1 to III). (Doctoral dissertation). Michigan State University, USA. Ann Arbor: UMI.

Chávez B., S. J. (2002). Identification of the camelid woman and feline man themes, motifs, and designs in Pucara style pottery. In H. Silverman & W. H. Isbell (Eds.) *Andean archaeology II* (pp. 35-69). New York, NY: Kluwer Academic/Plenum Publishers.

Combès, I. (2009). Saypurú: el misterio de la mina oculta, del Inca chiriguano y del dios mestizo. *Revista andina, 48,* 185-224.

Combès, I. (2012). ¿Incas en la selva? Para tejer una etnohistoria de las tierras bajas de Bolivia. In D. Villar & I. Combès (Comps), *Las tierras bajas de Bolivia: miradas históricas y antropológicas* (pp. 63-76). Santa Cruz de la Sierra: Universidad de Santa Cruz & Editorial el País, Ciencias sociales / historia 29.

Cook, A. G. (1994). *Wari y Tiwanaku: entre el estilo y la imagen.* Lima: Pontificia Universidad Católica del Perú, Fondo Editorial.

Cordero Miranda, G. (1957). Reconocimiento arqueológico de Kalake. In C. Ponce S. (ed.), *Arqueología boliviana, Primera Mesa Redonda* (pp. 202-222). La Paz: Biblioteca paceña.

Denevan, W. M. (1966). *The aboriginal cultural geography of the Llanos de Mojos of Bolivia.* Berkeley, CA: University of California Press.

Descola, P. (1993). *Les lances du crépuscule: relations jivaros, Haute Amazonie.* Paris: Plon.

El Día (2012, June 21). El Fuerte de Samaipata 'revive' con dos rituales. Eventos. El pueblo guaraní recibe la llegada del 'Lucero del Alba' y los aymaras el Año Nuevo 5.520. Retrieved from http://www.eldia.com.bo/index.php?cat=1&pla=3&id_articulo=93560.

Erickson, C. L. (1995). Archaeological methods for the study of ancient landscapes of the Llanos de Mojos in the Bolivian Amazon. In P. W. Stahl (Ed.), *Archaeology in the lowland American tropics* (pp. 95-119). Cambridge: Cambridge University Press.

Erickson, C. L. (2000). Lomas de ocupación en los Llanos de Moxos. In A. Durán Coirolo & R. Bracco Boksar (Eds.), *Arqueología de las tierras bajas* (pp. 207-226). Montevideo: Comisión Nacional de Arqueología, Ministerio de Educación y Cultura.

Fausto, C. (1999). De enemigos y mascotas: guerra y chamanismo en la Amazonia. *American Ethnologist, 26(4),* 933-956.

Fernández, J. P. (1726). *Relación historial de las Misiones de los Indios, que llaman Chiquitos, que están a cargo de los padres de la Compañía de Jesús de la provincia del Paraguay*. Madrid.

Flores Ochoa, J. (1996). Buscando los espíritus del Ande: turismo místico en el Qosqo. In H. Tomoeda & L. Millones (Eds.), *La tradición andina en tiempos modernos* (pp. 9-29). Osaka: National Museum of Ethnology, Senri Ethnological Reports 5.

Fujii, Tatasuhiko. (1993). El felino, el mundo subterráneo y el rito de fertilidad: tres elementos principales de la ideología andina. In Y. Onuki & L. Millones (Eds.), *El mundo ceremonial andino* (pp. 259-274). Osaka: National Museum of Ethnology, Senri Ethnological Studies 37.

González, A. R. (1972). The felinic complex in Northwestern Argentina. In E. P. Benson (Ed.), *The Cult of The Feline* (pp. 117-138). Washington, DC.: Dumbarton Oaks Research Library.

González de la Rosa, M. (1910). Les deux Tiahuanaco, leurs problèmes et leur solution. Paper presented to the *XVI Congreso Internacional de Americanistas (Viena)* (pp. 405-428). Wien und Leipzig: A. Hartleben's Verlag.

Gustafsson, J. (2009). Tiempo, espacio, comunidad: fronteras, identidad y utopía en el proyecto de "Comunidad Intercultural Tawantinsuyu." In H. Balslev Clausen, J. Gustafsson & M. A. Velazquez Garcia (Eds.), *Utopías y globalización* (pp. 103-131). Obregon: El Colegio de México.

Guzman, Rui Diaz de. (1836). Historia argentina del descubrimiento, población y conquista de las provincias del Rio de la Plata. In Pedro de Angelis (Comp.), *Colección de obras y documentos relativos A la historia antigua y moderna de las provincias del Rio de la Plata, ilustrados con notas y disertaciones*, Vol. 1. Buenos Aires. (Original work published 1612)

Hastorf, C. A., et al. (2006). *Taraco archaeological project: Report of the 2005 excavations at the sites of Sonaji and Kumi Kipa*. Report submitted to the Directorate Unidad Nacional de Arqueología de Bolivia, La Paz.

Hays-Gilpin, K. A., Webster, L. D., & Schaafsma, P. (2004). The iconography of tie-dyed textiles in the ancient Americas. *Cosmos, Journal of the Traditional Cosmology Society, 20*, 33-56.

Heggarty, P. (2008). Linguistics for archaeologists: A case-study in the Andes. *Cambridge Archaeological Journal, 18*(1), 35-56.

Heggarty, P., & Beresford-Jones, D. G. (2010). Archaeology, language and the Andean past: Principles, methods, and the new 'state of the art.' *Boletín de Arqueología, PUCP, 14*, 29-60.

Heggarty, P., & Beresford-Jones, D. G. (Eds.). (2012). *Archaeology and language in the Andes*. Proceedings of the British Academy. Oxford: Oxford University Press.

Hornberg, A. (2005). Ethnogenesis, regional integration, and ecology. *Current Anthropology, 46*, 589-620.

Horta Tricallotis, H. (2012). El estilo circumpuneño en el arte de la parafernalia alucinógena prehispánica (Atacama y Noroeste Argentino). *Estudios Atacameños, 43*, 5-34.

Hugh-Jones, C. (1979). *Desde el río de la leche: procesos espaciales y temporales en el noroeste de la Amazonia*. Cambridge: Cambridge University Press.

Ibarra Grasso, D. E. (1965). *Prehistoria de Bolivia*. Cochabamba: Los Amigos del Libro.

Ibarra Grasso, D. E., & Querejazu Lewis, R. (1986). *30.000 años de Prehistoria en Bolivia*. La Paz & Cochabamba: Los Amigos del Libro.

Iribarren Charlín, J. (1950). *Notas preliminares sobre la dispersión continental de un adorno de labio en los pueblos aborígenes, el benzote, labret o tembetá*. Ovalle: Talleres Gráficos El Tamaya.

Jaimes Betancourt, C. (2010). Hecho en Mojos: mil años de alfarería en la Loma Salvatierra. *XXIV Reunión Anual de Etnología, RAE, de Musef, La Paz, 2010*, 79-96.

Jaimes Betancourt, C. et al. (2015). Arqueología y etnohistoria de las Tierras Bajas de Bolivia. 'Introducción' a la sexta parte in X. Medinacelli (Comp.) *Bolivia, su historia. Tomo I. De los orígenes a los Estados prehispánicos 10000 a.C.– 1540 d.C.* (p. 207). La Paz: La Razón & Coordinadora de Historia.

Kolata, A. L. (1993). *The Tiwanaku: Portrait of an Andean civilization*. Oxford: Blackwell.

Kolata, A. L. (2004). The social production of Tiwanaku. Political economy and authority in a native Andean state. In M. A. Rivera & A. L. Kolata (comps.), *Tiwanaku. Aproximaciones a sus contextos históricos y sociales* (pp. 301-382). Santiago de Chile: Colección Estudios Regionales.

Korpisaari, A. & Pärssinen, M. (2011). Evidence of contacts between the Highlands, the Ceja de Selva, and the Amazon in the Pariti Pottery. In A. Korpisaari & M. Pärssinen (eds.), *Pariti: The ceremonial Tiwa-*

naku pottery of an island in Lake Titicaca (pp. 137-149). Helsinki: Finnish Academy of Science and Letters.

Korpisaari, A., Sagárganaga, J., Villanueva, J., & Patiño, T. (2012). Los depósitos de ofrendas Tiwanakotas de la isla Pariti, lago Titicaca, Bolivia. *Chungara, Revista de Antropología Chilena, 44*(2), 247-267.

Lathrap, D. W. (1973a). Gifts of the Cayman: Some thoughts on the subsistence basis of Chavin. In D. W. Lathrap & J. Douglas (Eds.), *Variation in Anthropology: Essays in Honor of John C. McGregor* (pp. 91-105). Urbana, IL: Illinois Archaeological Survey.

Lathrap, D. W. (1973b). The antiquity and importance of long-distance trade relationships in the moist tropics of pre-columbian South America. *World Archaeology, 5*(2), 170-186.

Lathrap, D. W. (1977). Our father the Cayman, our mother the Gourd: Spinden revisited or a unitary model for the emergence. In C. A. Reed (Ed.), *Origins of Agriculture* (pp. 713-752). The Hague: Mouton.

Llangostera M., A. (2006). Contextualización e iconografía de las tabletas psicotrópicas Tiwanaku de San Pedro de Atacama. *Chungara, Revista de Antropología Chilena, 38*(1), 83-111.

Llangostera M., A. & Torres, C. M. (1988 [1984]). *Tesoros de San Pedro de Atacama*. Santiago de Chile: Museo Chileno de Arte Precolombino.

López Lenci, Y. (2007) *El Cusco, paqarina moderna*. Lima: Universidad Antonio Ruiz de Montoya.

Mamani Condori, C. (1989). History and prehistory in Bolivia: What about the Indians? In R. Layton (Ed.), *Conflict in the Achaeology of Living Traditions* (pp. 46-59). London: Unwin Hyman.

Mamani Condori, C. (1992). *Los aymaras frente a la historia: dos ensayos metodológicos*. Chukiyawu: Aruwiyiri.

Manifiesto de Jach'ak'achi. *Aymara Today* 9 April 2001 [AQ3] (2001).

Manzanilla, L., & Woodard, E. (1990). Restos humanos asociados a la pirámide de Akapana (Tiwanaku, Bolivia). *Latin American Antiquity, 1*(2), 133-149.

Martínez Acchini, L. (2012). Identidades escondidas: cambio cultural y lingüístico en quechuas migrantes a las tierras bajas de Bolivia. In D. Villar & I. Combès (Comps.), *Las tierras bajas de Bolivia: miradas históricas y antropológicas* (pp. 77-86). Santa Cruz de la Sierra: Universidad de Santa Cruz & Editorial el País, Ciencias sociales / historia 29.

Medinacelli, X. (Comp.) (2015). *Bolivia, su historia. Tomo I. De los orígenes a los Estados prehispánicos 10000 a.C. – 1540 d.C.* La Paz: La Razón & Coordinadora de Historia.

Meggers, B. (1971). *Amazonia. Man and culture in a counterfeit paradise*. Chicago, IL: Chicago University Press.

Meyers, A. (1998). Las campañas arqueológicas en Samaipata, 1994–1996. Segundo Informe de Trabajo. *Boletín SIARB, 12*, 59-86.

Meyers, A. (1999). Reflexiones acerca de la periodización de la cultura Inka: perspectivas desde Samaipata, Oriente de Bolivia. *Actas del Congreso Nacional de Arqueología Andina*. La Plata: Cristina Diez Marín Ed., t. 1, 239-251.

Meyers, A. (2015). Los trabajos arqueológicos en "el fuerte de Samaipata", 1992-1996. In A. Meyers & I. Combès (Comps.), *El Fuerte de Samaipata. Estudios arqueológicos* (pp. 52-115). Santa Cruz: Biblioteca del Museo de Historia, Universidad Autónoma Gabriel René Moreno.

Meyers, A. et al. (2015). "El Fuerte" de Samaipata. Patrimonio de la Humanidad. Una breve descripción. In A. Meyers & I. Combès (Comps.), *El Fuerte de Samaipata. Estudios arqueológicos* (pp. 11-33). Santa Cruz: Biblioteca del Museo de Historia, Universidad Autónoma Gabriel René Moreno.

Meyers, A., & Ulbert, C. (1998). Inca archaeology in Eastern Bolivia: The Samaipata project. *Tawantinsuyu, 3*, 26–42.

Michel, M. (1993). *Prospección arqueológica de San Ignacio de Moxos, Prov. Moxos, Depto. Beni*. (Tesis de licenciatura). La Paz: Universidad Mayor de San Andrés.

Michel, M. (2009). Retrospectiva de la arqueología en Bolivia. Paper presented to the panel *La Bolivia del Siglo XXI y los desafíos de las Ciencias Sociales,* Plan Estratégico e Institucional de la Facultad de Ciencias Sociales de la UMSA, 2010-2015, 1 al 4 de septiembre de 2009.

Morales Chocano, D. (2001). Aportes amazónicos al formativo andino. *Investigaciones sociales, 8*, 35-64.

Murra, J. V. (1972). El control vertical de un máximo de pisos ecológicos en la economía de las sociedades andinas. In J. V. Murra (Ed.), *Visita de la Provincia de León de Huánuco en 1562* (pp. 427-476). Huánuco: Universidad Nacional Hermilio Valdizán.

Nordenskiold, Erland. (1917). The Guarani invasion of the Inca Empire in the sixteenth Century: An historical Indian migration. *Geographical Review, 4*(2), 103-121.

Núñez, L., & Dillehay, T. (1995). *Movilidad giratoria, armonía social y desarrollo en los Andes meridionales: Patrones de tráfico e interacción económica. Ensayo*. Segunda Edición. Antofagasta: Universidad Católica del Norte. (Original work published 1979)

Pärssinen M., & Siiriäinen, A. (2003). *Andes orientales y Amazonía occidental. Ensayos entre la historia y la arqueología de Bolivia, Brasil y Perú*. La Paz: Cima ediciones, UMSA & Colegio de Historiadores de Bolivia.

Porro, Antonio. (2010). Arte e simbolismo xamânico na Amazônia (Art and shamanistic symbols in the Amazon). *Bol. Mus. Para. Emílio Goeldi. Cienc. Hum.*, Belém, 5(1), 129-144. Retrieved from http://www.scielo.br/pdf/bgoeldi/v5n1/a09v5n1.pdf.

Posnanky, A. (1957). *Tihuanacu: Cuna del hombre americano*. Tomos II y IV. La Paz: Ministerio de Educación, Editorial Don Bosco.

Recio de León, J. (1906). Descripción de Paititi y provincias de Tipuani, Chunchos, etc. In V. M. Maúrtua (Ed.), *Juicio de límites entre el Perú y Bolivia. Prueba peruana presentada al Gobierno de la República Argentina*, Gobernaciones de Alvarez Maldonado y Laegui Urquizas (Tomo VI, pp. 242-257). Barcelona. (Original work published 1623)

Renard-Casevitz, F-M. (2004). Civilizaciones de horticultores-paisajistas. Relaciones con la naturaleza de dos conjuntos arawakófonos de Perú y Bolivia. In O. Dollfus, J-P. Deler & E. Mescalier (Eds.), *Los Andes y el reto del espacio mundo. Homenaje a Olivier Dollfus* (pp. 57-96). Lima: IFEA & Instituto de Estudios Peruanos.

Renard-Casevitz, F-M., Saignes, T., & Taylor, A-Ch. (1985). *L'Inca, l'Espagnol et les sauvages*. París: Éditions de l'Association pour la Diffusion de la Pensée Française.

Renard-Casevitz, F-M., Saignes, T., & Taylor, A-Ch. (1988). *Al este de los Andes. Relaciones entre las sociedades amazónica y andina entre los siglos XV y XVII*, Tomo I. Quito: Abya-Yala & IFEA.

Reynoso, A., & Pratolongo, G. (2008). Jaguares de nuevo. Consideraciones sobre la temática felínica en la iconografía cerámica del Período Tardío en Yocavil (Noroeste argentino). *Estudios atacameños*, 35, 75-96. Retrieved from http://www.scielo.cl/pdf/eatacam/n35/art05.pdf.

Rivera Casanovas, C. (ed.) (2008). *Arqueología de las tierras altas, valles interandinos y tierras bajas de Bolivia. Memorias del I congreso de arqueología de Bolivia*. La Paz: Instituto de Investigaciones Antropológicas y Arqueológicas, UMSA, PIEB. Retrieved from http://www.scielo.org.bo/pdf/rbcst/v11n25/v11n25a15.pdf.

Rivero Ustariz, M. E., & von Tschudi, J. J. (1851). *Antigüedades peruanas*. 2 tomos. Viena: Imprenta Imperial de la Corte y del Estado.
Roosevelt, A. C. (1991). *Moundbuilders of the Amazon: Geophysical Aachaeology on Marajo Island, Brazil*. London and New York: Academic Press.
Sagárnaga, J. (2007). Investigaciones arqueológicas en Pariti (Bolivia). *Anales del Museo de América, 15*, 67-88.
Sagárnaga, J. (2014a). Conexiones entre Tiwanaku y la región al este de los Andes: Una mirada desde Pariti. *Chachapuma, 7*, 32-42.
Sagárnaga, J. (2014b). Tembeta e identidad en Tiwanaku: evidencias desde Pariti. *Chachapuma, 7*, 54-68.
Sagárnaga, J. (2014c). Monos y exoticismo en Tiwanaku: una perspectiva desde Pariti. *Chachapuma, 7*, 44-51.
Saignes, T. (1985). *Los Andes orientales: historia de un olvido*. Cochabamba: IFEA & CERES.
Santos-Granero, F. (2002). Boundaries are made to be crossed: The magic and politics of the long-lasting Amazon-Andes divide. *Identities: Global Studies in Culture and Power, 9*, 545-569.
Schaan, D. (2012). *Sacred geographies of ancient Amazonia*. Walnut Creek, CA: Left Coast Press.
Schaden, E. (1954). El estudio de indio brasileño ayer y hoy. *América indígena, 14*(3), 233-252.
Schavelzon, S. (2012). *El nacimiento del Estado Plurinacional de Bolivia: etnografía de una Asamblea Constituyente*. La Paz: Clacso, Plural editores, CEJIS & IWGIA.
Spedding, A., with Arnold, D. Y. (2009). La ritualidad en el Altiplano del pasado y de hoy en un marco identitario. In D. Y. Arnold (Ed.), ¿Indígenas u obreros? La construcción política de identidades en el Altiplano boliviano (pp. 311-351). La Paz: Fundación UNIR.
Squier, E. G. (1877). *Perú. Incidents of travel and exploration in the land of the Incas*. New York, NY: Harper & Bros.
Tapia M., L. (2008). *Una reflexión sobre la idea de un Estado Plurinacional*. La Paz: Oxfam, Gran Bretaña.
Techo, N. del. (1732). Historia Provinciæ Paraguariæ Societatis Jesu, etc., Liege, 1673; trad. in Vol. 4 of Churchill, *A collection of Voyages and Travels*, 6 vols. London. (Original work published 1673)
Tello, J. C. (1930). Andean civilization: Some problems of Peruvian archaeology. *Proceedings of the 20th International Congress of Americanists* (pp. 259-290). New York.

Tello, J. C. (1960). *Chavín: cultura matriz de la civilización andina*. Primera parte. Toribio Mejía Xesspe (Ed.). Lima: Universidad Nacional de San Marcos.

Torero, A. (1987). Lenguas y pueblos altiplánicos en torno al siglo XVI. *Revista andina, 10*, 329-372.

Torero, A. (1988). El marco histórico-geográfico en la interacción quechua-aru. In S. Dedenbach-Salazar S., C. Arellano Hoffman, E. König & H. Prümers (Eds.), *50 Años de Estudios Americanistas en la Universidad de Bonn* (pp. 601-630). Bonn: Verlag Anton Sauerwein.

Torres, C. M. (1986). Tabletas para alucinógenos en Sudamérica: tipología, distribución y rutas de difusión. *Boletín del Museo Chileno de Arte Precolumbino, 1*, 37-53.

Torrez, D. (2014). Construcción simbólica del Estado Plurinacional: imaginarios políticos, discursos, rituales, símbolos, calendarios y celebraciones cívicas/festivas (2010-2013). Paper about a PIEB project, presented in Musef, 17 March 2014.

Villar, D., & Combès, I. (2012). Introducción: una aproximación comparativa a las tierras bajas bolivianas. In D. Villar & I. Combès (Eds.), *Las tierras bajas de Bolivia: miradas históricas y antropológicas* (pp. 7-31). Santa Cruz de la Sierra: Universidad de Santa Cruz & Editorial el País.

Viveiros de Castro, E. (2004). Perspectivismo y multinaturalismo en la América indígena. In A. Surallés & P. García Hierro (Eds.), *Tierra Adentro: territorio indígena y percepción del entorno* (pp. 37-80). Copenhagen & Lima: IWGIA.

Walker, J. H. (2004). *Agricultural change in the Bolivian Amazon / Cambio agrícola en la Amazonía boliviana*. Pittsburgh, PA: University of Pittsburgh, Latin American Archaeology Publications.

Walker, J. H. (2008). The Llanos de Mojos. In H. Silverman & W. H. Isbell (Eds.), *Handbook of South American Archaeology* (pp. 927-939). New York, NY: Springer.

Wassén, S. H. (1965). The use of some specific kinds of South American Indian snuff and related paraphernalia. *Etnologiska Studies, 28* (Chapter VII), Göteborg Etnografiska Museum.

Zuidema, R. T. (1989). The moieties of Cuzco. In D. Maybury-Lewis & U. Amangor, *The Attraction of Opposites: Thought and Society in the Dualistic Mode* (pp. 255-275). Ann Arbor, MI: University of Michigan Press.

Carrying Water on Both Shoulders: Material Archives and Andean Ritual in Mid-Colonial Huamanga, Peru[1]

Caroline A. Garriott
DUKE UNIVERSITY

Abstract

This article examines an unedited manuscript from 1684 written by Jesuit priest Nicolás de Talavera concerning the sixteenth century "origins of devotion" to a locally-produced image of the Crucified Christ from Cayara, a highland region in Huamanga, Peru. Though spat upon, whipped, buried, and burnt by indigenous "idolaters," the Christ image "miraculously" remained intact. While Talavera positions the material indestructability of the Crucified Christ of Cayara as a metonym for the eventual triumph of Catholicism in the diocese of Huamanga, a critical analysis of the manuscript's material form and discursive content challenges facile understandings of the missionary process and the "successful" indoctrination of indigenous locals. This essay considers whether or not ideological conversion could occur in the absence of the material embodiment of the sacred—in Andean *huacas* or Christian icons—particularly in light of the Catholic Church's iconoclastic campaigns to "extirpate" Andean idolatry by destroying figurative *huacas* and/or erecting Christian crosses and crucifixes on top of ancestral sites of ritual devotion. Drawing from insights in critical ethnography and material culture, I argue that indigenous populations in mid-colonial Huamanga responded to the imposition of Spanish Catholicism by "carrying water on both shoulders," in other words they venerated Christian images alongside local *huacas* and ancestral *Apus* that ordered their cosmos and were rooted in the sacred landscape animated by *camay*.

Keywords: Indigenous devotion, *huacas,* sacred images, *Taki Onqoy,* colonial Peru, *camay,* Huamanga

Resumen

Este artículo trata de un manuscrito inédito de 1684 escrito por el padre jesuíta Nicólas de Talavera sobre los orígenes tempranos de la devoción a una imagen local del Cristo Crucificado de Cayara, una región serrana en Huamanga, Perú. A pesar de los escupitajos, los azotes, los incendios y los enterramientos sucesivos llevados a cabo por "apóstatas indígenas," según Talavera, la imagen del Cristo se mantuvo "milagrosamente" intacta. El artículo propone que, si bien para Talavera la indestructibilidad del Cristo de Cayara sirve de metonimia del último triunfo del Catolicismo en la diócesis de Huamanga, un análisis crítico de la forma material y del contenido discursivo del manuscrito problematiza una concepción simplista del proceso misionero en relación con el éxito de la evangelización indígena. El trabajo plantea que la conversión ideológica no podría ocurrir sin la encarnación material de lo sagrado—en una *huaca* andina o un ícono cristiano—especialmente teniendo en cuenta las campañas iconoclásticas de la iglesia católica para "extirpar" la idolatría andina a través de la destrucción de *huacas* figurativas y la trasplantación de cruces encima de lugares ancestrales de devoción ritual. Tomando como punto de partida los aportes teóricos de la etnografía crítica y la cultura material, el ensayo argumenta que, durante el régimen colonial, las poblaciones indígenas de Huamanga respondieron a la imposición del catolicismo de los españoles "acudiendo a entrambas a dos cosas," es decir, venerando tanto las imágenes cristianas como las *huacas* y los *apus* ancestrales, siendo estas últimas las deidades que, ancladas en un paisaje sagrado y animado por *camay*, rigen su cosmos.

Palabras clave: Devoción indígena, *huacas,* imágenes sagradas, *Taki Onqoy,* Perú colonial, *camay,* Huamanga.

> ... en los adoratorios de los caminos que los indios llaman apachetas, procuren los sacerdotes cada uno en su distrito quitarlos y deshacerlos del todo, y en eso se les pone precepto y si les pareciere cosa decente, pongan una cruz en su lugar (Lima 1551)[2]

...Bien se puede adorar a Iesu Christo nuestro señor y al demonio juntamente, porque se han concertado ya entrambos y están hermanados.

Confessionario para los curas de indios (Lima 1585)³

The vanquished Indians have, in a defeat, won a moving victory.

Nathan Wachtel, *The Vision of the Vanquished*⁴

Introduction

How can historians explore the interstices of power using archival documents written from the colonizer's perspective and wrested from their original location of production and circulation? Must we become ethnographers, crafting a narrative "thick description" in order to pull together "webs of meaning" from the strands of our fragmented archival sources? Or are we, with our gloved hands, more akin to forensic scientists gingerly disinterring bits of evidence from paper cadavers strewn across the archival trail? Does "reading along the archival grain" involve not solely a theoretical gesture, a shift from empiricism to speculation and back again, but also a broadening of our analytical methods in order to make space for ambiguity and doubt? By acknowledging the multiple allegiances of an archival document (both as material artifact and discursive construction), can scholars "carry water on both shoulders," moving beyond the empirical limits of our sources to contemplate questions of authority and agency that have long plagued studies of the colonial "contact zone"?⁵

To address these theoretical and methodological inquiries, this essay analyzes the diachronic, contested process of Andean religion formation during the late sixteenth and early seventeenth centuries through an examination of an unedited 1684 manuscript from Peru's *Biblioteca Nacional.* Penned by Jesuit Priest Nicolás de Talavera, the document chronicles the "origins" of local devotion to an image of the Crucified Christ from the indigenous town of Cayara in the central Andean highlands of Huamanga, Peru between 1595 and 1613.⁶ Rather than a mere reflection of its Jesuit author's colonizing lens, Talavera's written account points to the dynamism of indigenous Andean ritual activity in Huamanga, specifically, locals populations' ritual veneration of an oracular mountain or *Apu* who speaks through an "indio aymara"⁷ and claims to be the older brother of Jesus Christ. By deploying the Andean cosmological concept of *camay*—a divine, animating force with conceptual parallels to the *virtus* of Catholic images of saints and relics (Vauchez, 1997; Taylor, 2000)—this article interrogates how local indigenous populations in Huamanga might have apprehended the "miraculous" Crucifix of Cayara in ways that diverged from Jesuit priest's ritual deployment of the cross to mark the Christianization of Andean "pagan" space. In other words, Talavera's chronicle can be read as testimony of the Catholic campaigns to "extirpate" idolatry as well an evidence of a regional perspective of Andean populations during the late sixteenth to early seventeenth centuries. While acknowledging the political multivalency of terminology related to the Andes, my use of the term "Andean" refers to its regional and not political sense. Fellow contributors in this volume including Arnold and Coronado, aptly explore the conceptual or theoretical underpinnings of "lo andino" or "Andean-ness" within distinct historical and geographic locales.⁸

A material archive of Andean religious discourse

Regardless of the empirical limitations of this archival source (its fragmented nature and the paucity of supporting documentation including the original Christ image itself), the manuscript's materiality and parallel (oral and written) discourses reveals its historical significance. Even while refracted or distorted by its author(s), the story itself has implications for the extent to which the Andean sacred became colonized by Spanish Catholicism during the seventeenth-century "Middle Period."⁹

Talavera's chronicle is likely based upon oral information provided by an indigenous interpreter who assisted him in his idolatry investigations in the highland region of Huamanga—or else a local informant who had first-hand knowledge of the spatial location and rituals surrounding the veneration of the mountain deity called *Apu Guamacco*. Though further information concerning the manuscript's provenance or destination is unknown, below the manuscript's explanatory title is written "Legajo 25, n. 2," suggesting that the document formed part of a ledger (*cuadernillo*), perhaps it was originally housed in the archives of a local Jesuit confraternity in Huamanga alongside its founding charter. In addition to this possible function, the Jesuit priest may have had a personal agenda in describing the "miraculous" indigenous origins of the Christ of Cayara, perhaps hoping he might ascend

Figure 2.1. The opening page of Talavera's account, displaying the first textual insertion (above the Biblioteca Nacional stamp) and the underlined proper nouns (the three names of the Apu Guamacco).

the clerical ranks of the diocese of Huamanga like other Jesuit priests who preceded him.[10]

Significantly, while the bulk of the text is centrally-located in the space of the paper and clear and well-spaced, there are two places in which the script appears disjointed from the main body, suggesting that either the Jesuit priest Talavera himself or another reader addended the original manuscript (Figure 2.1).

The first addition, like a censor's license, signals Talavera's historical sources specifically citing the Augustinian chronicler Antonio de la Calancha (1584—1654) and his successor Bernardo Torres (n.d.)[11], while the second addendum, like an epilogue, narrates the activities of Huamanga's first bishop, Fray Augustín de Carvajal (1613—1618), in extirpating idolatry in the region and promoting devotion to the Christ of Cayara.[12] That both additional addendums relate to the activities of Augustinian clergy suggests a possible Augustinian reader who was likely sent to evangelize the region following Talavera. Further proof that someone else contributed to Talavera's manuscript is the shift in perspective—from that of third person narrator (Talavera) to that of first person eyewitness (anonymous) who "fact-checked"

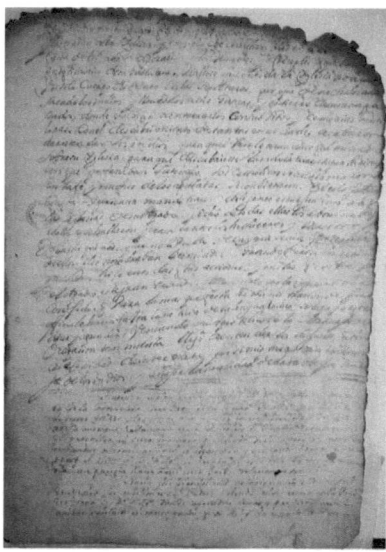

Figure 2.2. The second textual insertion, below the unlinked double lines, displaying a shift in size and handwriting of the text.

the Jesuit priest Talavera's claims by investigating the "horrifying sight" of the *serro Guamacco*. Moreover, the possibility that the secondary reader was an Augustinian priest is suggested by the fact that this additional author took the liberty to add a textual appendage concerning the biography of the first bishop of Huamanga Augustín de Carvajal (1612–1621) who was "worthy of eternal memory" given that "he goverened with great prudence, zeal, and piety," even learning Quechua so as to "better administer in the cases of extirpating idolatries" (Figure 2.2).[13]

Talavera's lengthy descriptions of indigenous ritual and cosmological *praxis* in Huamanga challenge linear visions of indigenous conversion to Christianity while undermining his own presentation of the "miraculous" Crucifix of Cayara as a symbol marking Spanish Catholic victory over Andean "idolatry." In order to chart the historical evolution of Andean ritual practices following the discovery of the pan-Andean resistance of *Taki Onqoy*, I argue that scholars must take into account the rich and varied signifying capacity of devotional symbols such as crosses and crucifixes whose meanings shifted over time and depending on the cultural perspectives of their diverse audiences (Millones & Tomoeda, 2011; Valenzuela Márquez, 2005).

The millenarian movement of *Taki Onqoy*, "dancing sickness," spread across the central Andean highlands from the 1560s to the 1570s. The geographical reach of the *Taki Onqoy*, from its heartland in Huamanga and rapid spread to Cusco, Arequipa, Lima, and La Paz, speaks to the movement's underlying resonance within Andean cosmology premised upon the entanglement of the sacred and human realms. The *taquiongos* preached that even though principal *huacas* such as Titicaca and Pachamama had been destroyed, they would rise up again to defeat the Christian God, evict the Spanish colonizers from the land, thus restoring the Andean world (Stern, 1982, pp. 51-79). According to this Andean logic of cyclical time, the era of *mita* (rotational labor service) to the Christian God of the Spaniards would be ended by resurrected *huacas*, who together would launch a new historical period and re-organize the Andean social universe (Millones, Castro-Klarén & Albornoz, 1990, p. 93). The Spaniards' destruction of the Inca's royal *huaca*-oracle Pachacamac ("the one who animates the world") was thus critical to the ushering in of a new epoch of religious resurgence and political resistance. With their violent iconoclasm of Andean *huacas* and political usurpation of Tawantinsuyu, the invading European *viracochas* had effectively catapulted a *Pachacuti* or the "turning of times"—one that would inevitably result in the creation of a new world order.[14]

While the intricate relationship between *Pachacuti* and Andean cyclical time is beyond the scope of this paper, both are related to the fluid agency of *camay* as a divine, animating force both materialized in and operating through the sacred landscape. Moving beyond Western ontologies which privilege binaries (namely, object-subject, representation-presentation), this article underscores how indigenous populations perceived *huacas* as simultaneously "sentient subjects as well as material objects" whose *camay*, or "unique essence," while transferrable, could not "exist without a physical instantiation" (Dean, 2014, p. 303, p. 306) either in carved or natural stone.[15] Though Talavera offers the "miraculous" Christ of Cayara as a synecdoche for the "success" of indigenous conversion, he neglects to explore the way in which Andean conceptions of the sacred landscape and cosmic battles between ancestral *huacas* framed locals' apprehension of Christian images as new receptacles of *camay*.

A polyvocal narrative of Andean ritual in Huamanga

The Jesuit priest begins his chronicle with the 1595 arrival of an Aymara-speaking *hechizero* (sorcerer-priest) to the indigenous towns of Cayara,

Gualla, Canaria, Tiquigua, and Apunco, located 200 km southeast of the regional/provincial Spanish capital of San Juan de la Frontera de Huamanga and nearly 3,000 meters above sea level.[16] These highland towns (*reducciones*) were populated by multi-ethnic groups including *pabres, condes,* and *chillques,* that were sent as *mitmaqkuna* (diasporic colonizers) of the Inca Pachacutéc during the fifteenth century to settle the fortress-sanctuary of Vilcashuamán, and were later incorporated into the Spanish *encomienda* system as laborers within textile-producing *obrajes*. When addressing the indigenous populations of the region, the priest Hernando declared that he had to come out of love in order to teach them about "the God worthy of their veneration" and, thus, to "liberate them from the blindness in which they lived in the law of the Spaniards."[17] Hernando thus echoes the paternalistic language of the Jesuit *extirpador* Cristóbal de Albornoz who, just decades earlier, had visited Huamanga and its outlying provinces "with much love" in order to "correct the errors" of indigenous populations and duly "set them on the path of righteous living" (cited in Millones, 1990, p. 159).[18]

As an emigrant uprooted from his kinship community, who perhaps fled the highland region of Collao surrounding the sacred Lake Titicaca to avoid tribute and *mita* obligations, the Aymara-speaking preacher Hernando might have been viewed with suspicion by locals. However, he promoted the veneration of the *Apu Guamacco*—an ancestral mountain that enclosed the towns of Gualla and Cayara—and thus found an eager audience for his preaching.[19] To assist him on his evangelizing mission, Hernando enlisted the help of the governing cacique of Cayara, Don Francisco Zapataíma (Yapataymi), who, according to the Jesuit chronicler, became a "great dogmatizer and doomsayer, [who was] just as intimate with the Demon as Hernando."[20]

Even while filtered through his own inquisitorial gaze, the Spanish priest Talavera highlights the preaching of Hernando, the newly-arrived ritual specialist, whose oral language reflected the importance of tripartition within the Andean cosmological landscape (Huanca, 1989, pp. 132-136). Hernando preached that the mountain called *Apu Guamacco* was actually "three in one" given that it included three peaks. The first and highest peak was called *Apu sullca* "Lord Uncle," followed by a middle peak denominated *Chaupi* "in-between," which terminated in the smallest peak *Guayna* "the youngest."[21] In other words, the *Apu Guamacco* reflected an eponymous relation with indigenous locals considered as its earthly descendants. Talavera, however, either ignorant or ignoring Andean idioms of kinship or descent, calls the *Apu Guamacco* a "diabolical Trinity" used by the "infernal enemy [who] sought to emulate the divine and rob it of due veneration."[22] As such, the Jesuit priest fashioned the triple-peaked mountain into the structural inversion of the God-head composed of the Father, Son, and Holy Spirit and a threatening mimesis or "false" image of the "true" Trinity.[23] Rather than mirror the Catholic doctrine of the Trinity, as Talavera suggests, Hernando's description of the mountain-deity *Apu Guamacco* articulates an Andean understanding of cosmological kinship.

In a similar process of demonization, Talavera refers to the oracle that speaks through the *Apu Guamacco* as a "Demon"—the equivalent of the Devil who machinates against the Christian God in word and deed.[24] Moreover, by presenting the *Apu Guamacco* as a "diabolical trinity" and "Demon"—the antithesis of God, Talavera likewise situates the Aymara-speaking *hechizero* and his assisting *curaca* Don Francisco as ritual specialists in direct competition with Catholic priests. By reframing indigenous traditions within biblical terms, Catholic clergymen established Andean religion as having "derived from a failed earlier attempt to establish the church, whose true teachings degenerated into Andean idolatries" (Gose, 2008, p. 71). Ultimately, rather than an error of superstition, Talavera interprets locals' veneration of the *Apu Guamacco* as idolatrous behavior that directly and intentionally subverts Catholic dogma and liturgy, and thus merits the punishment of ecclesiastical authorities.

Talavera goes on to recount that when Hernando and his followers climbed the hill-top sanctuary of the *Apu Guamacco* in order to revere the "idol-statue" that resided there, the "Demon, in the figure of a great animal, [appeared before the men] making the mountain tremble and produce terrible sounds so that out of fear they might adore him with even greater reverence."[25] On the mountaintop, the "Demon" pronounced his commandments, ventriloquizing (in Aymara or Quechua) through the *hechizero* or speaking directly to the men themselves (the text is unclear), and demanded that the Indians eschew Catholic symbols and rituals by throwing away their rosaries and never making the sign of the cross. Lastly, the *Apu Guamacco* ordered that the Indians venerate him on the mountain peak by offering up sacrifices as signs of their devotion. Evidently aware of the intrusion of Catholic priests in the region, the *Apu Guamacco* conceded on two practical matters: when forced by their local priest to attend mass, they could worship "Our Lord Jesus Christ," who was actually his younger brother; and though they should first marry "in the presence of the gods" on the mountaintop, afterwards the Indians could have their local priest confirm the "sacramental union."[26]

Following the *Apu Guamacco*'s divine apparition and oral pronouncements to the Indians on the mountaintop, the Andean deity became

Figure 2.3. Guaman Poma depicts a Christian-Andean couple holding rosaries and praying before an image of the Crucified Christ. Source: The Guaman Poma website. Digital photography and transcription of *El primer nueva corónica y buen gobierno* 2006 (ca. 1615/2006). Royal Library of Denmark, Copenhagen, "30. The chapter of the indians of this kingdom," drawing 308, p. 821. See http://www.kb.dk/permalink/2006/poma/835/en/text/?open=idp546096&imagesize=XL.

materially embodied in the form of an animated statue who retreated from the indigenous men as they climbed the mountain peak to adore the *Apu Guamacco*.[27] According to Talavera, on the mountain's peak the "idol-statue" not only moved but also spoke to the men, proclaiming that "the Rosary that hung from the neck of the cacique had forced him to flee." Throwing his rosary to the ground, the *curaca* Don Francisco expressed his contrition for offending the mountain-deity and explained that he "never wore the Rosary for devotion, but rather for ostentation (*gala*), and because the priest and other Spaniards, had him to be a Christian."[28]

To further exemplify his repentance and sincere devotion to the *Apu Guamacco*, Don Francisco ordered the three wooden crosses erected by missionaries on the peak of the mountain to be buried in an undisclosed location "so they could not be found." Realizing their absence, however, the local priest ordered that three new crosses be placed in their stead.[29] In vain, the Indians tried to burn the new crosses, an iconoclastic failure which Talavera explains within the discourse of triumphant Catholicism writing that, "The Lord liberated them [the three crosses] from the fire, conserving them without any injury, for the greater insult of the Demon and glorious triumph of his Cross."[30]

The *Apu Guamacco* also confronted a Christian image in the cacique's home, a place where men and women gathered to offer up sacrifices in the name of the local *huaca* beyond the purview of the parish priest, presumably under the cover of darkness. According to Talavera, when Hernando invoked "the Devil" the *Apu* replied that he would "not participate in their reunions" because an image of the Crucified Christ— "he of the Spaniards"—decorated the *curaca's* home. Just as the *Apu Guamacco* rejected Don Francisco on the mountaintop when he wore a rosary, he also refused to enter the *curaca's* home when it contained a crucifix (Figure 2.3, page 70).[31]

To explain the Andean deity's violent rejection of the Christian image, Hernando pointed out that the Spanish invaders were tricksters who spun false doctrines in order to trap the Indians into submission. "You know," Hernando declared, "the Spaniards and their priests only make a mockery of you by persuading you to worship this *palo* (stick) as God, and if it weren't for our great *Apu Guamacco,* who took mercy on you to disabuse you and open your eyes to reason, surely they would have been successful. So be very grateful [to the *Apu Guamacco*] and treat him now as he deserves." Hernando then ordered that the Crucifix, likely carved from wood and of local manufacture, be removed from its domestic perch, publicly whipped, and then burned to the ground. In response, Don Francisco grabbed the Crucifix and spitting upon its face, directed his words to the image's prototype saying, "Christ, if you are as virtuous and powerful as the Spaniards say and as your priests preach, why don't you restore to health my daughter, who I have here so sick?"

Upon hearing the *curaca's* words, however, the priest Hernando rebuked him and explained that "these words should only be said to my God *Apu Guamacco* who formed me from nothing." Thus, by invoking Christ to heal his ailing daughter the cacique had effectively blasphemed since, given that disease (including those brought by the "Spaniards" such as smallpox, rubella, and malaria) was conceived to be a source of divine punishment, only a local *huaca* could effectively restore balance on earth and health to the *curaca's* daughter.

Noting the admonishment of their cacique, the men and women began passing around the crucifix, yelling insults at it and whipping it with leather straps. When at last Hernando took hold of the Crucifix, he spoke before the indigenous congregants as if a priest officiating at mass, and declared,

Figure 2.4. Indigenous artisans painting a sculpted crucifix, as represented by Guaman Poma. Source: The Guaman Poma website. Digital photography and transcription of *El primer nueva corónica y buen gobierno* 2006 (ca. 1615/2006). Royal Library of Denmark, Copenhagen, "23. The chapter of the parish priests," drawing 267, p. 673. See http://www.kb.dk/permalink/2006/poma/687/en/text/?open=idp460272&imagesize=XL.

"Let us throw this Demon, the cause of all our misfortunes, into this great fire" and then tossed the crucifix into the bonfire. Though it glowed in the flames for a great while, and should have been converted to ash, the crucifix remained intact.[32]

Suddenly, as if launched by a great wind, the crucifix leapt from the fire, falling to the ground with a thump. Upon examination of its sculpted surface, the Indians noted there were "only two or three signs of the Fire," visible markers which Talavera interpreted as "testimony and memory of the miracle in which the Lord conserved his holy Image." Again, Talavera notes that the Indians marveled at this extraordinary occurrence, and yet they remained staunchly devoted to their mountain-deity. And so, fearing that their *Apu Guamacco* would discover what Talavera dually defines as "the miracle and their crime" the Indians determined to bury the crucifix beneath a fig tree outside of the cacique's house.

After a time, the cacique remembered the buried Christ image, and confident that "without a doubt his God *Apu Guamacco* had disposed and destroyed it," he sent two men to unearth it. When the men resurrected the crucifix from its earthly tomb, however, they were shocked to find that instead of being destroyed by natural decomposition, the image appeared as if it had been freshly carved. Dismayed, they threw a cloth over it and brought it to the cacique's home where a "sacrilegious group" had gathered to invoke the *Apu Guamacco*.[33] As if caught up in the drama of his third-testimony account, Talavera inserts more emotion when referring to the subsequent unveiling of the disinterred crucifix. He exclaims, "Strange case!" noting that the Crucified Christ was covered "from its feet to its head … in blisters and sores," and, as if it were a living organism, it appeared to be "live flesh between the shadows of death."[34]

This time, rather than fearing the ire of their *Apu Guamacco* for failing to destroy the crucifix, the Indians expressed concern that the local priest would discover that they had mistreated the *"santo Christo"* and thus subject them to corporal punishment. And so, to avoid the inevitable ire of the parish priest, they commissioned a trustworthy painter, an "Indian like themselves" to paint over the image and thus hide their "crime." However, according to Talavera their artistic recourse proved to be a "failed diligence" since whenever the indigenous painter applied his loaded brush to the Crucified Christ image, the "colors would recede from the wounds, leaving them again uncovered" (Figure 2.4, page 72).

Searching for the Cross of Cayara

Following the second burial of the seemingly indestructible crucifix, Talavera shifts the focus of his narration, moving beyond the religious drama between the *Apu Guamacco* and Christocentric images (crosses and crucifixes) to focus on another spiritual protagonist: Huamanga's first bishop, the Augustinian friar Don Agustín de Carvajal, who, in 1613 arrived in the region to begin his extirpating activities.[35] According to Talavera, when the "zealous bishop" heard rumors about the indestructible Crucified Christ image of Cayara, he launched an inquest to determine its whereabouts, garnering the assistance of the Garci Diez de San Miguel, the priest of Cayara and Gualla and an experienced "*Visitador de Idolatría.*"[36] With the help of Garci Diez de San Miguel, the men disinterred the crucifix and ceremoniously installed it in the *altar mayor* of the parish church of Gualla so that it could be "venerated and served with decency." Later on, however, the bishop determined the crucifix merited a more "prestigious setting" than the parish church of Gualla could offer, and so he sent it to Huamanga, the Spanish capital of the region.[37] Talavera explains the Augustinian bishop's decision to again mobilize the crucifix for transfer, noting that in Huamanga "there was a Convent of his father, Saint Augustine" and also a well-established Jesuit Convent. The "miraculous image was entrusted to the guardianship of the Jesuits, who subsequently, built a chapel beside their convent to house it and where a "devout confraternity" formed around the image which held "each Friday a Passion Mass, with the ornamentation, solemnity, and devotion as befits such a holy religion" in honor of the image. Asserting the pride of his order, Talavera notes that the Jesuit confraternity dedicated to the Crucifix of Cayara, quickly became the "the great devotion of the City" and claims that all "those who turn to it [the miraculous image] in need, entrusting themselves with live faith, will find remedy."

As if he had neglected to mention such a pivotal episode in the biography of the Crucified Christ image, Talavera describes the time when lighting destroyed the *altar mayor* of the parish church of Gualla where the crucifix was still housed.[38] To explain the portentous occurrence, the indigenous sorcerers "publicized that their God had burnt the church with that lightning to punish them for adoring Christ" and feared that "since the priests ran about knocking down their *huacas* and destroying their idols, an even greater punishment awaited them."[39] "The prudent bishop" Don Agustín de Carvajal, on the other hand, "suspected that the Lord wanted to destroy with the fire from the lightning bolt some idolatry that might have been hidden in the church," and so he ordered the Jesuit priest Pablo de Prado to return from his mission in the mining town of Choccllococha, Huancavelica to excavate the church grounds—from its presbytery to the *altar mayor.*

Confirming the bishop's suspicions, the men unearthed a cache of over fifty idols buried beneath the church's floorboards, "an offense" Talavera interjects, "that the Indians had often committed." Among the many *huacas* buried in the church, the men discovered three principle idols: the first, *Casmaca,* was located beneath the church portal; the second, *Guarapampa,* was buried below the church's nave, and the third, *Pichayanacc,* was wedged behind the altar of the church's sacristy. Though Talavera claims that the "idols" were buried "in the same manner that the philistines had hidden their idol Dagon within the Tabernacle of the Holy Testament" he neglects to explore the significance of their tripartition and spatial location.[40] As if refuting Catholicism's privileging of the altar space where the Eucharist was ritually housed, the hierarchically superior *huaca* named Casmaca was buried below the church's portal—the threshold to the highly sacralized Andean landscape situated beyond the purview of Catholic architecture with its internally-oriented space.

Following the discovery of *Taki Onqoy* in the 1560s, Spanish clergymen like the Augustinian bishop Carvajal and the Jesuit priest Talavera attempted to "extirpate" Andean idolatry by wielding the double-edged sword of Catholic iconoclasm and theological indoctrination. Talavera's protracted descriptions of the persistence of "idolatrous" practices among indigenous populations in mid-colonial Huamanga undermines his own textual claims that the "miraculous" survival of the Cruified Christ compelled their full Christian conversion and points to the profound, intimate relationship between local Andean populations and the sacred, cosmological landscape.[41]

Throughout the Andes, indigenous populations revered the natural landscape, believing it to be inhabited by *huacas*—ancestral spirits capable of either punishing or blessing human inhabitants that formed part of their ethnic lineage.[42] Documenting the mythical founding of the Incas and their descendants, the sixteenth century Jesuit priest José de Acosta (1540—1600) noted that they claimed to originate from an ancestral cave (*pacarina*) on the outskirts of Cusco called Pacaritambo (1590/2002). Similarly, Francisco Pizarro's secretary Pedro Cieza de Léon (1518—1554) wrote that the first Incas hailed from the caves, lagoons, volcanoes and mountains which populated the geographical expanse of their Empire Tawantinsuyu, the "Four Corners of the Universe" (1553/1984, p. 355).

The mythical bond between humanity and the sacred landscape in the Andes described by Spanish chroniclers is also reflected in the dual role of *curacas,* hereditary chiefs and ritual specialists expected to perform ceremonies of reciprocity and redistribution to affirm their lineage's ties to ancestral *mallquis* (mummified ancestors) and local *huacas* in order to preserve their community's well-being.[43] Not surprisingly, in their crusade to eradicate Andean religion, Spanish clergy specifically targeted "idolatrous *curacas*" given that, as the Jesuit priest Joseph Pablo de Arriaga (1564—1622) claimed, "[the Indians] have no will apart from their caciques, who are a model for them in everything that they do" (1968, p. 68). Despite public floggings, penitential processions, and the physical seclusion of "idolatrous" *curacas* and ritual specialists in ecclesiastical jails and overcrowded hospitals, when pressured to renounce their local deities and ritual practices (considered by priests to be, at best, "false" superstitions and, at worst, artifices of the Devil), indigenous populations reacted in turn, invariably responding with a mixture of creativity, accommodation, and, at times, outright resistance.[44]

While acknowledging the asymmetrical relationships of power between conquered populations and the Spanish Crown, scholars of colonial religion have convincingly shown both how indigenous populations selectively adopted symbols and rituals from European Christianity to fit their local, political, and religious setting as well as how Catholic missionaries and clergymen adapted their doctrinary practices in order to comply with the practical exigencies of these local contexts.[45] The evidence these studies muster on the polysemous nature of symbols such as crosses suggests that their cultural meanings shifted over time and across geographic space.

For example, in Europe as well as colonial Latin America, crucifixes and crosses were deployed as liturgical objects and miracle-working agents, with the power to exorcise demons, heal the sick, and supply the land with rain to ensure a plentiful harvest. Writing in the sixteenth century, the Jesuit priest Francisco de Avendaño declared that a cross had performed the earliest miracle in South America (in Carabuco), and, throughout the Andes, clergymen credited crosses with the power to defeat paganism by destroying stone *huacas* to induce the conversion of indigenous apostates, and also effective talisman capable of warding off insects as well as demons (Brosseder, 2014, p. 145). According to historian Arturo E. de la Torre y López (1992) the cross became "the clearest emblem of Conquest" in sixteenth century Peru, and Spanish conquistadors such as Francisco Pizarro credited it defeating pagan armies to claim new territories for the Spanish Crown and Christendom at large (as cited in Taylor, 2012, p. 150).

While for European colonizers the cross carried theological significance (Christ's crucifixion as the redemption of humanity) as well as practical applications (to effectively re-sacralize pagan spaces during conquest), indigenous cosmological frameworks evaluated the cruciform shape as well as the material and spatial location of crosses as means to determine their religious significance and regional import. For example, though the cruciform shape reflected with the quadripartite division of the world, wooden crosses were associated with cosmic trees, living ancestors that populated the natural landscape and communicated with local communities. As such, Spanish crosses in the post-conquest Andes became symbolically associated with *huancas*—large monolithic stones situated vertically on the earth and venerated as ancestor-heroes—the founders and guardians of local kinship communities or *ayllus*.[46] Although Spanish colonizers subsumed under the rubric of idolatrous *huacas* a multiplicity of types of Andean divinities (including mountain deities such as the *Apu Guamacco*), indigenous populations not only venerated myriad geographic features (*apus, wamanis, apachetas,* etc.) whose names and genders varied, but also regional crosses considered the protector-guardians of their communities and cosmological crosses (*chakanas*) that symbolically reflected the astronomical order.

Rather than promoting indigenous conversion by reconsecrating the sacred landscape for Christianity, European practices of evangelization including the physical erection of crosses on mountain peaks or near venerated rocks paradoxically reinforced the sacred presence of ancestral deities and facilitated the creation of local, hybrid cults (Dean, 2014; Sallnow, 1982, 1987).

In his chronicle drawn from a variety of sources, including Jesuit *cartas annuas,* ecclesiastical *visitas* as well as the writings of convent chroniclers including Calancha, Talavera narrates the "origins of devotion" to the Crucified Christ of Cayara as the spiritual product of a protracted duel between Andean and European deities, a battle in which the Christ image's material indestructibility was, according to Talavera, the index of Christ's victory over a local mountain *Apu* (Lord). Talavera thus presents the "origins of (indigenous) devotion" as the ideological product of multiple battles (fought out in the material realm) between indigenous followers of an oracular-mountain and the mute figuration of the Crucified Christ. Though ultimately Talavera presents the Crucified Christ of Cayara as a metonym for the "successful" evangelization of indigenous populations in the diocese of Huamanga and the symbolic and literal locus around which conversion "miraculously" occurs, the narrative details of his poetic-historical account offer an alternative understanding of the nature of indigenous conversion, one which point to the active presence of indigenous ritual specialists and the marked absence or ineffectiveness of Catholic clergy in Huamanga's rural parishes.

The case of the Aymara-speaking ritual specialist Hernando and the cacique Don Francisco Zapataíma reveals the extent to which local populations, rather than rejecting their ancestral deities, merely accepted that the invader's *huacas* had (temporarily) displaced them, usurping their power. By describing at length the ritual activities of the preacher Hernando and neglecting to name local priests in Cayara and Gualla before the arrival of Huamanga's first bishop in 1613, Talavera underscores the indigenous *forastero's* potential as an Andean priest whose aggressive promotion of the local mountain *Apu Guamacco* is apparently, and for many years (1595—1613), granted wide berth.[47] Furthermore, the Jesuit Talavera notes that even after the Crucified Christ of Cayara's first "miracle" in which the image proves impermeable to fire, the indigenous witnesses "though admiring, were not converted." In fact, rather than interpreting the Crucified Christ image's indestructability as sign of the European God's superior power over their local deity (as Talavera does), the indigenous devotees of the *Apu Guamacco* merely dispose of it by burying it under the cacique's fig tree. Significantly, rather than fearing the local priest's punishment, who was probably largely absent from the town for most of the year, the indigenous populations of Cayara are more concerned with disappointing their ancestral *huaca*.

While Talavera claims that the Catholic Church had effectively "uprooted" Andean "idolatry" in the region given the "miraculous" material survival of an image of the Crucified Christ in the face of indigenous iconoclasm, a materially-grounded analysis of the archival document alongside a critical ethnography of its internal narratives questions such a simplistic interpretation of native conversion and points to the vitalism of Andean cosmology and the way in which local populations readily adopted *huacas*, like the mountain *Apu Guamacco* promoted by the Aymara *forastero*, as the material embodiments of sacred *camay*.[48]

As such, rather than demonstrating the "successful" implantation of the Catholicism, Talavera's presents the historical stage upon which a majority indigenous populations resisted against but also embraced aspects of the colonizer's religion, re-framing it in accordance with their own cosmological understandings of the sacred landscape (Gose, 2006, 2008). After all, to invoke the famous Jesuit priest and extirpator of indigenous "idolatry" José de Arriaga, how could an immobile mountain venerated as a *huaca* truly be exorcised from the hearts of indigenous peoples when confronted with the "superior power" of a material image said to embody the Christian God?

The intransigence of indigenous conversion, in the face of what Talavera clearly considers a "miracle" or the direct intervention of God, can be better understood in light of the Christ image's classification as a physical object, which, unlike the sacred Andean *huaca*, lacked both orality and agency—the ability to act and directly influence the responses of human populations. Whereas the *Apu Guamacco* directly communicates to indigenous devotees both on the mountaintop and in the cacique's home, at no point in the Talavera's narrative is the Christian image ever granted an active voice. The Crucified Christ can shock and perplex, but does not, as a physical or visual object, ever instill fear and reverence on the part of the Indians—a response occasioned in multiple instances by the verbal elocution and earthly trembling of the *Apu Guamacco*.

In fact, the ritual specialist Hernando derides the Crucified Christ as being "a mere stick" and, as if echoing the Roman soldiers' mockery of the Crucified Christ on the cross, the cacique calls for the material object's referent (Christ) to intervene on earth to heal his daughter, thus conflating the object-subject divide and, perhaps, belying an understanding of Catholic doctrine by invoking the image's referent (Christ) rather than its prototype (the Crucified Christ as depicted in material/visual form). Perhaps most significantly, the *Apu Guamacco* directly subordinates the image and its referent (while also establishing a cosmological relationship of kinship with the Christian deity) by telling the Indians that they could worship his younger brother Jesus Christ in the parish church. Essentially, the tutelary deity *Apu Guamacco* orders that indigenous populations continue to perform their role within an animated landscape imbued with *camay*—a sacred, vital essence— even while adapting to the proliferation of new deities, such as Jesus Christ.

Throughout his chronicle, Talavera invariably refers to the *Monte Guamacco* as either the "God" of the Indians, as well as a "demon" and "idol" whose "statue" resided in its mountaintop sanctuary but also appeared in the cacique's home.[49] Since *huacas* could be both natural features as well as woven or sculpted object whose material presence and spatial mobility renewed and redefined territorial hierarchies based on ancestrality and descent, it is not surprising that the *Apu Guamacco*—who is explicitly gendered as male— would manifest himself in multiple ways and through distinct mediums. He is the tutelary deity identified with a three-peaked mountain range, the spirit that resides in the mountain sanctuary, as well as a mobile stone figurine or *ídolo* brought to the cacique's house, all of whom, during ritual encounters with the indigenous Andeans, move and speak to exhibit their continued sovereignty over their descendents, the local kinship community. Talavera's description of the *Apu Guamacco* as a "false" image of the Trinitarian God inverts the hierarchical relation of kinship expressed by the *Apu Guamacco's* eponyms (*Sullca* "Uncle," *Chaupi* "in-between," and *Guayna* "the youngest") in order to locate mimicry in distinction (Gruzinski, 2001, pp. 42-47).

The supremacy of the Andean Lord as a Creator-Deity is, however, confirmed by the ritual priest Hernando's description of the *Apu Guamacco* as "He who formed me from nothing." Unlike the Crucified Christ image who neither speaks nor moves (but merely resists destruction), the oracular mountain-*Apu Guamacco* is considered to be a supreme Creator-God, who actively intervenes in the lives of the indigenous inhabitants of the region vis-a-vis his multiple apparitions, signs, as well as verbal elocution. For example, the Andean Lord's sovereignty over the local populations is evidenced from his first appearance on the "mountaintop in the form of a ferocious beast," during which time he displays his terrestrial power by making "the mountain tremble and emit great, terrifying noises," and also orally articulates his commandments (either directly or indirectly through the ritual specialists Hernando) to the indigenous populations in Huamanga considered his descendants.

Within Talavera's account, the *Apu Guamacco* is granted great complexity, both emotionally and physically, as he can punish the Indians by removing himself from their presence or reward them by "flattering them with mellifluous words." When it comes to mobilizing the power of nature to destroy the crafted wooden Crucifix, however, the *Apu Guamacco*, more than once, fails short. The indestructible materiality of the Crucified Christ, however, can be read in light of the conceptual overlaps between Andean images as presentational objects and representational images as well as divergent ontological understandings of the sacred. While the Jesuit Talavera interprets the Christ image's material invincibility as indexing the Christian God's spiritual defeat of the "idol-demon" Guamacco, indigenous populations in Cayara and Gualla might have understood the Christian crucifix (likely of local manufacture and evidently re-touched by an indigenous painter from the region) as displacing the idol-demon *Guamacco* by usurping its spiritual power or *camay*.

In accordance with Andean perceptions of cosmological kinship, the Crucified Christ image merited their veneration as a newly reigning local *huaca*, not, as Talavera claims, a supreme and universal Lord. This interpretation, in which one *huaca* temporarily dispossesses another, effectively harnessing the former's *camay*, reflects an Andean understanding of the cosmological cycle, not the absolutist logic of Roman Catholicism with its fixed Trinitarian God-Head. Indigenous populations, in this case, might have envisioned the Crucifix of Cayara and its referent Jesus Christ not as triumphant victor but rather as the material receptacle of *camay* worthy of their fear and veneration.

This second reading is also reinforced by the fact that the *Apu Guamacco* refers to Jesus Christ as his "younger-brother" thus establishing a kinship relation with the Christian deity while also acknowledging his subservient place within the cosmological order.[50] The contemporary Quechua oral myth compiled by Ortiz Rescaniere (1973) which describes how when the Inca married Pachamama (Mother Earth), his younger brother Jesus Christ became jealous futher confirm this understanding of Andean kinship hierarchies (Dean, 2010, p. 66).

But what does it mean to "carry water on both shoulders" for Andean populations in the past as well as contemporary historians today? While Arriaga's concept of "carrying water on both shoulders" brings to mind the mental image of a physical yoke (perhaps wooden) used to balance the weight of two equal buckets of water, I believe it should also refer to how historians today approach the colonial-era religion, thus placing equal analytical weight to both Andean cosmopraxis and Western Christianity. Ultimately, an ethnographic reading of Talavera's written account reveals the persistence of Andean oral traditions and the capacity for local indigenous populations to define the placement of the Christian images (the "*huacas* of the Spaniards") within their own cosmological order as the bearers of *camay* and guardians of the kinship community. Ultimately, when lightning struck their church in Gualla and indigenous populations lamented aloud that they were being punished for worshipping Christ, they had also been actively venerating their ancestral "idols" and mountain-*huacas*, or, as Arriaga (ca. 1621/1968) decries, "carrying water on both shoulders" by refusing to see the Christian God as antithetical to Andean ritual cosmology (p. 72). Rather than acknowledging the image of the Crucified Christ as having ceremoniously displaced their *Apu* "Lord" *Guamacco*, indigenous populations accepted its referent—Jesus Christ—by venerating Christian images alongside a pantheon of local, ancestral deities buried beneath the floorboards of their parish church and rooted in a sacred, animated landscape.

Acknowledgments

In addition to thanking Denise Arnold and Carlos Abreu Mendoza for their tireless labor as the co-editors of this volume, I would like to thank José Carlos de la Puente Luna and the fellow participants in the Southwest Seminar's Consortium on Colonial Latin America "Inter-Ethnic Relations: New Approaches to Old Debates" held at Texas State University in San Marcos, between October 22-24, 2015 as well as the members of Duke University's Graduate Workshop in Caribbean and Latin American Studies held in Durham on January 15, 2016 whose valuable intellectual contributions helped to shape this paper. I am also thankful to the institution of the Biblioteca Nacional del Perú in Lima for allowing me to reproduce material from their manuscript collections.

Notes

1   Correspondence concerning this chapter should be addressed to: carolinegarriott@gmail.com.
2   In *Concilios Limenses (1551-1772),* Constitución N° 99, Vargas (1951, p. 253).
3   In *Doctrina christiana,* cap. VI, f. 5v ("Instrucción contra las ceremonias y ritos que usan los indios conforme al tiempo de su infidelidad").
4   Wachtel (1977, p. 213).

5   I borrow Mary Louise Pratt's term "contact zone" to refer to "social spaces where cultures meet, clash, and grapple with each other, often in contexts of highly asymmetrical relations of power" (Pratt, 1991, p. 34).

6   Just 147 km south of Huamanga, the town of Cayara was, at the time of Talavera's chronicle, inhabited by the *chillques, condes,* as well as the *pabres* ethnic groups (Salas Coloma, 1998, pp. 351-356). Nearby, just 9 km south of Cayara, the town of Hualla (Huaya) was inhabited by the *pabres,* and 9 km southeast of Hualla is the town of Canaria, inhabited predominantly by *hanan chillques* and also *pabres* who worked in the textile plant (*obraje*) of the encomendero-conquistador don Antonio de Oré (Ibid, p. 354).

7   Talavera's reference to the indigenous priest Hernando as an "indio aymara," rather than reflecting an ethnic identification, may have merely been used to differentiate him from Quechua-speaking populations as an Aymara speaker.

8   Borrowing from Dean and Leibsohn's (2003) critique of scholarly use of "hybridity" as a descriptive label lacking conceptual or analytical purchase, this essay moves beyond terminological debates surrounding "lo andino" to focus instead on the mutual entanglements between European and Andean cultural actors in the formation of colonial religion.

9   Some Mesoamerican scholars consider the seventeenth century "Middle Period" to encompass the last decades of the sixteenth century through the beginning quarter of the eighteenth century (Kicza, 1997, p. 9). Recently, Stuart Voss (2002) has questioned the customary periodization of Latin American history into colonial and modern epochs by deeming the time between the Bourbon reforms of the 1750s and the Great Depression of 1929 as the "Middle Period." The Andeanist historian Kenneth Mills (1997), on the other hand, refers to the period between 1640s and 1700s as the "mid-colonial" period (p. 3).

10 For example, the Jesuit clergymen Bernardo de Noboa de las Mariñas marked the "success" of evangelization within his local parish by orchestrating the founding of an indigenous confraternity devoted to Nuestra Señora de la Candelaria in 1653, an action remunerated by the Archbishop of Lima three years later when Noboa was granted the title of "Visitador de Idolatrías" in the province of Cajatambo. See Bustamante-Tupaychi (2013).

11 Talavera directly cites the Augustinian chronicler Calancha, who served as the official chronicler of the Augustinian Order in Peru from 1630 until his death in 1654, when he was succeeded by Bernardo Torres (Calancha, Torres & Merino, 1972).

12 While it is possible that Talavera himself edited his own text, perhaps at a later date in order to bolster the credibility of his narrative by linking himself to the authority of well-established chroniclers such as Calancha (and also associate himself with the legacy of the Augustinian bishop Carvajal), it is also conceivable that these textual addendums were inserted by someone who felt that the self-interested Jesuit priest Talavera had unfairly displaced the Augustin Order from their starring role in the region's early evangelization.

13 This reading is supported by the fact that the narration has evidently been redacted; the word *"vez"* has been inserted above the word *"otra"* and the main

body of the text is also broken up by the underlining of fifteen isolated words, all of which pertain to proper nouns (the names of Andean "idols") except for the date, the year 1613.

14   As such, the Spanish Conquest could destroy Andean *huacas* by burying them in a previous epoch, but this disempowerment was temporary and reversible since "pachacuti did not mean that these powers had ceased to exist" (MacCormack, 1991, p. 284). In his *Royal Commentaries of the Incas,* the mestizo chronicler Garcilaso de la Vega (1609/1989) notes how the Inca had prophesied the arrival of the Spanish invaders, believed to be emissaries of the gods and called by Manco Inca, the "true sons of our god Viracocha" (p. 760).

15   See also Dean's discussion (2011) of how a fixed material object's *camay* could be transported throughout the Incan Empire of Tawantinsuyu through direct (chipping a fragment of stone) and indirect (touching a sacred *huaca* with a textile) metonymy (pp. 65-102).

16   These highland towns are situated in the Quechua region of the Ayacucho Basin and currently form part of the province of Víctor Fajardo, east of Vilcashuamán (Salas Coloma, 1998, p. 354). Under Spanish administration, the provinces of Vilcashuamán were grouped into two parishes (Yaranga Valderrama, 1995, p. 253, p. 257). According to Spanish *corregidor* Pedro de Carvajal's 1586 description of the provinces of Vilcashuamán, the rugged, arid landscape was enclosed by mountains with difficult access to water (Carvajal, 1586/1881, p. 157).

17   Since the manuscript discussed in this essay (Talavera, 1684) is not rubricated nor numerated, I do not list folio numbers when quoting from its pages.

18   During his multiple interrogations of indigenous parishioners in the city of Huamanga and its outlying provinces between 1569 and 1571, Cristóbal de Albornoz was assisted by the famous indigenous chronicler Guamán Poma de Ayala, who was his interpreter. Albornoz (1581/1989) was also the first clergyman to publish a comprehensive manual instructing priests how to discover and extirpate Andean "idolatry," *Instrucción para descubrir todas las guacas del Pirú y sus camayos y haciendas.*

19   Hernando may have been a *huacapvíllac,* or a religious specialist who speaks to the *huaca* and communicates the *huaca's* replies to the town or a *guacamayo,* a priest dedicated to a specific *huaca* (Arriaga, ca. 1621/1968, p. 35).

20   According to Miriam Salas (2002), the town of Cayara was not only under the jurisdiction of the *curaca* Francisco Yapataymi, mentioned in Talavera's account, but also governed by Alonso Gualpa Usca, both of whom were *chillques*—Quechua speakers originating from Cusco (p. 64, p. 66). See also Huertas Vallejo (1981, pp. 131-144).

21   The term *Apu* may designate the spirit or deity of a mountain *huaca* or even a crag, rock, or cave. The Quechua term *Apu* means "Lord"; *sullka* refers to younger/ lesser brother or uncle; and *Chaupi* means "in the middle." It is possible that *guamacco* is the composite derivative of *Guaman* (Huaman/Waman) meaning falcon or condor and *Manco/manqo,* signifying base, foundation, or grounds. As such, *Apu Guamacco* literally refers to the grounds of the falcon or condor (Cusihuamán, 1976). In addition to its importance as a local *huaca,* Apu

Guamacco may have also been a sacred toponym that geographically linked local populations to their ancestral deity (Bastien, 1978).

22   In a parallel case, in his 1560 *Relación de Huamachuco* the Augustinian friar Juan de San Pedro notes that the Indians of Huamancucho worshipped three deities—*ataguju, sugadcavra*, and *vcumgavrad*—which he describes as a "*falsíssima trinidad*" (cited in Deeds & Millones, 1992, p. 15).

23   In the process of cross-cultural translation and transcription—from oral to written—the Jesuit priests evidently transposed European perspectives and Catholic agendas onto Andean conceptual frameworks of the cosmological landscape (Adorno, 1981; Estenssoro, 2001).

24   The demonization of local *huacas* was not the exclusive purview of European clergymen. The seventeenth century indigenous chronicler Juan de Santa Cruz Pachacuti, argued that local *huacas* linked to the government of local *curacas* constituted a "demoniacal" threat to the monotheistic Inca cult to the Supreme Maker—Viracocha—a precursor to Christianity (Santa Cruz, 1950, p. 239, cited in Millones, 1979, p. 128, p. 130).

25   Jesuit accounts from *cartas annuas* as well as ecclesiastical *visitas* refer to the "Devil" as taking on the appearance of an *indio* or *mestizo*, an old indigenous woman, a ñusta (Inca princess), as well as in the form of ferocious beasts such as lions and jaguars, in addition to natural elements such as a gust of wind or a storm. See Arriaga (ca. 1621/1968), Polia Meconi (1999), and Romero (1918).

26   In his 1666 *carta annua* that included the years 1664-1666, the Jesuit priest Luis Jacinto de Contreras from the Colegio of Lima reports a case from the Colegio de Cuzco in which "the devil" usurps the veneration due solely to the Christian God by claiming that "Christ was his older brother, and thus the God of the Christians: but that as Christ's younger brother, he was the God of the Indians." Likewise, the Padre Contreras recounts an episode from the Jesuit College in Juli in which the devil tells an indigenous woman in Aymara that the Virgin Mary was merely a great lady, and should thus not be venerated; and that he was the older brother of Jesus Christ and would take her life if she venerated his younger brother (Polia Meconi, 1999, p. 514, p. 522).

27   Just as the cacique is said to refer to the Crucified Christ image as "Christ," Talavera invariably conflates the representation (idol-statue) with its referent (*huaca*-Demon), given that in the European clergyman's mind, all figurations or iterations of the *Apu Guamacco* were equally pernicious or idolatrous "artifices of the Devil." Though its figural appearance is not described by Talavera, the idol-statue was likely a stone *huaca* given that Jesuit *cartas annuas* include multiple accounts of *huaca*-idols, ranging from stones in human form (a one-year-old boy, an eight-year old boy), anthropomorphic stones with faces and half-bodies, hermaphroditic stones, and two-headed stones. See Arriaga (ca. 1621/1968), Polia Meconi (1999) and Romero (1918).

28   Don Francisco merely claims to adopt the material accoutrements of Catholicism as a practical measure while wholeheartedly serving the local ancestral deity, thus dismissing the local parish priest as constituting religious competition with the *Apu Guamacco*. The Jesuit priest Arriaga ordered that liturgy, catechism, and

29 preaching should be accompanied by the distribution of rosaries and other images as prizes. See Arriaga (ca. 1621/1968).

29 For another example of the way in which the Spanish colonizers utilized building practices in an attempt to proclaim their victory over the Andean sacred landscape, see Dean (1998).

30 Claudia Brosseder (2014) discusses how Jesuit extirpators of idolatries including Francisco de Avendaño (ca. 1580-1655) were convinced of the powers of the cross to defeat Andean demons and induce the confession of indigenous *hechizeros*, and specifically references three miraculous crosses: The Cruz de Carabuco, the Cruz de Santa Cruz de la Sierra, and the Cruz de Pachacamac. Moreover, she cites a 1608 Jesuit account in which an Indian peasant in Tucumán attempted to burn a cross in a field but "when he set it on fire along with some other wood, the holy object remained unscathed" and likewise mentions the famous Cruz of Carabuco, which according to the Jesuit José de Acosta (1539-1600) "survived vicious attacks of fire launched by a demon and his *hechizeros*" (as cited in Brosseder, 2014, p. 328, footnote 46).

31 When the famous Jesuit extirpator of idolatries Pablo José de Arriaga gave an account of his ecclesiastical *visitas* he reported that crosses were omnipresent as each home within an indigenous *doctrina* displayed a cross on its front door (Brosseder, 2014, p. 167).

32 Significantly, within Talavera's account this is the second time that Andean populations attempted to burn Christian images (first three crosses, next the *curaca*'s crucifix) in vain. Fire was part and parcel of the performance of Andean rituals as animal corpses, fat, and the powders of pigment would have been sacrificed to the fire in order to invoke *huacas*. Moreover, since Andeans believed that fire was capable of destroying the immortality of the soul, Catholic priests burnt *mallquis*, the venerated and mummified bodies of their ancestors, in an attempt to effectively uproot Andean "idolatry".

33 The use of a cloth to cover the injured crucifix is significant, given the ritual and social importance of Andean textiles, as mediums to transfer the *camay* or sacred energy of an immobile *huaca* to a new site (Dean, 2010, p. 62) as well as material goods with symbolic exchange value within pre-Columbian and colonial society (Murra, 1958/2002; Stanfield-Mazzi, 2015).

34 Talavera's visual description of the bloodied and blistered crucifix as appearing "between the shadows of death" calls to mind the resurrected Christ who, bearing the stigmata of his earthly crucifixion, emerged from the earthly tomb triumphant over death.

35 When in 1609, the diocese of Huamanga was dismembered from the Archdiocese of Cusco, the Augustinian friar Agustín de Carvajal/Carbajal was appointed as its first bishop, arriving in the region in 1612 and serving as its bishop from 1615—1618.

36 The Jesuit extirpator of idolatries Garci Diez de San Miguel (ca. 1520-1576) launched a famous *visita* to the province of Chucuito, a region southeast of Cusco near Lake Titicaca inhabited by Aymara and Quechua speaking populations. In 1567, the proceedings of Garci Diez de San Miguel's *visita* in Chucuito

were published (Díez de San Miguel, 1964/1567).

37　The bishop Carvajal may have merely justified the ritual transfer of the Crucified Christ of Cayara by dismissing the rural, indigenous church of Huallas as lacking sufficient ornamentation or prestigious parishioners to render homage to the Crucified Christ of Cayara when, in fact, he desired to police the nascent devotion to the local "miraculous image" and channel its power within the urban context of Huamanga.

38　The lightning (and thunder) storm is significant given that thunder was believed to provide power for religious specialists in the high Andes (Brosseder, 2014, p. 168). Moreover, during the colonial era, indigenous populations associated *Illapa*, the Andean god of lightning and thunder, with the Catholic saint of the Iberian Reconquista St. James (Santiago Matamoros/Santiago Mataindios) as explored by multiple scholars including Gade (1983) and Gisbert (1993, 2001).

39　Here, I believe the priest Talavera refers to two *curatos*, *Pabres* and *Chuquil*. The two Quechua-speaking ethnic groups of *papres/pabres* and *chillques*, *mitmakuna* of the Inca, were moved from the outskirts of Cusco to the sacred site of Vilcashuamán in the Mantaro Valley. By the seventeenth century, the *pabres* and *chillques* inhabited the towns of Hualla, Tiquigua, and Mayobamba, all under the provincial jurisdiction of Hualla and Cayara (Salas, 2002, pp. 57-78, and Yaranga Valderrama, 1995, p. 257).

40　Here, Talavera directly cites the zealous extirpator of idolatry and Lima's Archbishop Pedro de Villágomez, who declared in his 1649 *Carta pastoral* that just as the Philistine god Dagon hidden in the Ark of God was destroyed, so too the Catholic Church would uproot Andean "idolatry" (Villagómez, 1919, pp. 63–77).

41　Talavera's written pronouncement of Christian "victory" must also be considered in relation to Andean privileging of oral and visual-material commumation given that, as art historian Tom Cummins (1998) notes, "the tactile and visual world in relation to oral discourse remained for Andeans the form through which Andeans 'inscribed' their existence" (p. 95).

42　The *wakas* are numinous deities in material form that include small stones, rock outcrops, mountain peaks, sacred caves, or even mummified ancestors. The clash between the Catholic visual practices and conceptions of the divine, which are representational, and the Andean worship of presentational numens is eloquently described in Dean (2010, pp. 1-25).

43　For an explanation of links between curacas' authority and Andean cosmology, see Ramírez (2005, pp. 59-154).

44　Recently, literary critic Laura Léon Llerena (2014) has argued that, in his written marginalia on the Quechua *Huarochiri Manuscript,* the Jesuit extirpator of idolatries, Francisco de Ávila, deploys the term "idol" as a synonym for *huaca* (p. 127).

45　The rich and varied scholarship on colonial religion includes works by historians, linguists, anthropologists, archeologists, and art historians such as Cahill (2000), Charles (2010), and Cohen Suarez (2016).

46　For an excellent analysis of the historical process of syncretism between the cross and the *huanca* in the central Andean highlands, see González (1989, pp. 17-42). The cosmological importance of the *huanca* in the pre-Columbian Andes has been well-studied by archeologists; see Falcón Huayta (2004) and Sánchez García (2015).

47 The lack of a clerical presence in the region is further supported by the fact that, in 1613, Pedro de Prado recounted after a mission to the provinces of Yauyos in Huancavelica that, since there were only two parish priests to administer sixteen indigenous towns, the Indians had not confessed in over three years (Polia Meconi, 1999, p. 316-344).

48 *Forasteros* were Indian migrants who left their originary communities to evade tribute labor and taxes imposed under colonial rule. The relationship between *forasteros,* indigenous communities, and the Spanish bureaucratic system in Ecuador is explored in Powers (1995a, 1995b). For a case study of *forasteros* from Cusco over the course of two hundred years of Spanish rule, see Wrightman (1990).

49 The conceptual similarity between Spaniards' denomination of Andean *huacas* as "idols" and indigenous reference to the "idols of the Spaniards"—holy images and relics—is referenced in the 1585 Catechism published by the Third Council of Lima and has been explored in recent publications by Broesseder (2012, 2014) and Valenzuela Márquez (2005, 2006, 2007).

50 In seventeenth century Cusco, indigenous confraternities administered by Jesuits dressed statues of the Christ Child in imperial Inca regalia, a heterodox practice eventually prohibited by the reformist bishop of Cusco in 1689 (Mújica Pinilla, 2004). More recently, Brazilianist James Sweet (2011) has argued that, in eighteenth century Pernambuco, free and enslaved Afro-descended populations worshipped altar images of Christ "as ancestors or even as a new *vodum*" (p. 63).

Primary Sources

Talavera, P. (1684) *Origen y acaescimientos sucedidos con la imagen de Jesús Crucificado de Cayara, para la fundación de su cofradía en la Iglesia del Colegio de la Compañía de la ciudad de Guamanga y capilla de Nuestra Señora de Loreto, escritos por el padre Pedro Talavera año de 1684.* [manuscript fragment] 5 ff. útiles y 1 carátula (sin numeración). Biblioteca Nacional de Perú, Sala de Manuscritos (BNP-B287), Lima, Peru.

References

Acosta, J. (2002). *Natural and moral history of the Indies.* J. E. Mangan (Ed.) (F. M. López-Morillas, Trans.). Durham, NC: Duke University Press. (Original work published 1590)

Adorno, R. (1981). On pictorial language and the typology of culture in the New World chronicle. *Semiotica, 36*(1-2), 51-106.

Agustinos (1918). Relación de idolatrías en Huamachuco por los primeros Agustinos. In H. Urteaga (Ed.), *Informaciones acerca de la religión y gobierno de los Incas*, (pp. 3-56). Lima: Sanmartí. (Original work published 1560)

Albornoz, C. de (1989). Instrucción para descubrir todas las guacas del Piru y sus camayos y haciendas. In H. Urbano & P. Duviols (Eds.), *Fábulas y mitos de los incas*, (pp. 135-198). Madrid: Historia 16. (Original work published 1581)

Arriaga, P. J. & Keating, L. C. (1968). *The extirpation of idolatry in Peru*. Lexington, KY: University of Kentucky Press. (Original work published 1621)

Bastien, J. W. (1978). *Mountain of the condor: Metaphor and ritual in an Andean ayllu*. St. Paul, MN: West Pub. Co.

Bernard, C. & Gruzinski, S. (1999). *De la idolatría. Una arqueología de las ciencias religiosas*. México D.F.: Fondo de Cultura Económica.

Bray, T. L., & Allen, C. J. (2015). *The archaeology of Wak'as: Explorations of the sacred in the pre-columbian Andes*. Boulder, CO: University Press of Colorado.

Brosseder, C. (2012). Cultural dialogue and its premises in colonial Peru: The case of worshipping sacred objects. *Journal of the Economic and Social History of the Orient, 55*, 383-414.

Brosseder, C. (2014). *The power of huacas: Change and resistance in the Andean world of colonial Peru*. Austin, TX: University of Texas Press.

Burns. K. (2011). Making indigenous archives: The Quilcaycamayoc of colonial Cuzco. *The Hispanic American Historical Review, 91*(4), 665-689.

Burns, K. (2012). *Into the Archive. Writing and power in colonial Peru*. Durham, NC: Duke University Press.

Bustamante-Tupayachi, E. (2013). Bernardo de Noboa y la fundación de cofradías en la doctrina de Ticllos (Cajatambo), 1653-1656. *Historia y Región, 1*, 61-76.

Cahill, D. (2000). The Inca and Inca symbolism in popular festive culture: The religious processions of seventeenth-century Cuzco. In D. Cahill, & P. Bradley, (Eds.), *Habsburg Peru: Images, Imagination and Memory* (pp. 90-94). Liverpool: Liverpool University Press.

Calancha, A. de la. (1637). *Córonica moralizada del Orden de San Avgvstin en el Perv: Con svcesos egenplares vistos en esta monarqvia*. Barcelona:

Pedro Lacavalleria.

Calancha, A., Torres, B., & Merino, M. (1972). *Crónicas agustinianas del Perú*. Biblioteca missionalia hispanica, v. 17. Madrid: C.S.I.C.

Carvajal, P. (1881). Descripción fecha de la Provincia de Vilcashuamán por el Ilustre Señor don Pedro de Carvajal, Corregidor y Justicia Mayor Della. In M. Jiménez de la Espada (Ed.), *Descripción geográfica de las Indias* (pp. 146-168). Biblioteca de Autores Españoles. T. 1. Madrid: Atlas. (Original work published 1586)

Castaño, T. & Alonso Sagaseta, C. A. (2003). El culto a los cerros andinos: estudio introductorio de una investigación. *Revista española de antropología americana, Nº Extra 1*, 319-333.

Charles, J. (2010). *Allies at odds: The Andean church and its indigenous agents, 1583-1671*. Albuquerque, NM: University of New Mexico Press.

Cieza de León, P. (1984). *Parte primera de la Chrónica del Perú*. F. Pease (Ed.), with the title *Crónica del Perú. Primera parte*. 2 ed., corrected. Lima. (Original work published 1553)

Cohen Suarez, A. (2016*). Heaven, hell, and everything in between: Murals of the colonial Andes*. Austin, TX: University of Texas Press.

Cummins, T. (1998). Let me see! Reading is for them: Colonial Andean images and objects 'Como es costumbre tener los caciques señores'. In E. H. Boone and T. Cummins, (Eds.), *Native Traditions in the Postconquest World* (pp. 91-148). Washington, D.C.: Dumbarton Oaks.

Cusihuamán, G. A. (1976). *Diccionario quechua, Cuzco-Collao*. Lima: Ministerio de Educación.

Dean, C. (1998). Creating a ruin in colonial Cusco: Sacsayhuaman and what was made of it. *Andean Past, 5,* 161-184.

Dean, C. (2003). *Inka bodies and the body of Christ: Corpus Christi in colonial Cuzco, Peru*. Durham, NC: Duke University Press.

Dean, C. (2007). The Inka married the earth: Integrated outcrops and the making of place. *The Art Bulletin, 89*(3), 502-518.

Dean, C. (2010). *A culture of stone: Inka perspectives on rock*. Durham, NC: Duke University Press.

Dean, C. (2014). Reviewing representation: The subject-object in prehispanic and colonial Inka visual culture. *Colonial Latin American Review, 23*(3): 298-319.

Dean, C., & Leibsohn, D. (2003). Hybridity and its discontents: Considering visual culture in colonial Spanish America. *Colonial Latin American Review, 12*(1): 5-35.

Deeds, E. E., & Millones, L. (1992). *Fray Juan de San Pedro, La persecución del demonio: Crónica de los primeros agustinos en el norte del Perú.* Málaga: Ed. Algazara. (Original work published 1560)

Diez de San Miguel, G. (1964). *Visita hecha a la provincia de Chucuito por Garci Diez de San Miguel en el año 1567.* W. Espinoza Soriano and J. V. Murra (Eds.). Lima: Casa de la Cultura del Perú. (Original work published 1567)

Doctrina christiana y catecismo para instrucción de indios (1985). Corpus Hispanorum de Pace, Under the Direction of Luciano Pereña, vol. 26, no. 2, 189-332. Facsimile ed. Madrid: Consejo Superior de Investigaciones Científicas. (Original work published 1584)

Estenssoro, J.C. (2001). El simio de Dios. Los indígenas y la iglesia frente a la evangelización del Perú, siglos XVI-XVIII. *Bulletin de l'Institut Français d'Études Andines, 30,* 455-274.

Falcón Huayta, V. (2004) Los orígenes del huanca como objeto de culto en la época precolonial. *Allpanchis Phuturinqa, 64,* 35–54.

Gade, D. (1983). Lightning in the folk life and religion of the central Andes. *Anthropos, 78,* 778-88.

Gade, D. (1999). *Nature and culture in the Andes.* Madison, WI: University of Wisconsin Press.

Garcilaso de la Vega, I. (1989). *Royal commentaries of the Incas and general history of Peru, Part One.* (H. V. Livermore, Trans.). Austin, TX: University of Texas Press. (Original work published 1609)

Gisbert, T (1989). Función ritual del tejido en el mundo andino y en el imperio inca. *Revista del Instituto Andino de Artes Populares del Convenio Andrés Bello, 11,* 19-24.

Gisbert T. (1993). Santiago y el mito de Illapa. In M. Larriba Leira (Comp.), *Santiago y América, Xunta de Galicia Consellería de Cultura e Xuventude* (pp. 289-295). Santiago de Compostela: Arcebispado de Santiago de Compostela.

Gisbert, T. (2001). *El paraíso de los pájaros parlantes. La imagen del otro en la cultura andina.* La Paz: Plural Editores.

González, J. L. (1989). *El huanca y la cruz: Creatividad y autonomía en la religión popular.* Chucuito, Puno: IDEA.

Gose, P. (2003). Converting the ancestors: Indirect rule, settlement consolidation, and the struggle over burial in colonial Peru, 1532-1614. In K. Mills & A. Grafton (Eds.), *Conversion: Old World and New* (pp. 140-174). Rochester, NY: University of Rochester Press.

Gose, P. (2006). Mountains historicized: Ancestors and landscape in the colonial Andes. In P. Dransart (Ed.), *Kay Pacha: Cultivating Earth and Water in the Andes* (pp. 29-38). Oxford: Archeopress.

Gose, P. (2008). *Invaders as ancestors: On the intercultural making and unmaking of Spanish colonialism in the Andes.* Toronto, ON: University of Toronto Press.

Gruzinski, S. (2001). *Images at war: Mexico from Columbus to Blade Runner (1494-2019),* (H. MacClean, Trans.). Durham, N.C: Duke University Press.

The Guaman Poma Website (2006). Digital photography and transcription of Felipe Guaman Poma de Ayala, *El primer nueva corónica y buen gobierno* [ca. 1615]. Royal Library of Denmark, Copenhagen. <http://www.kb.dk/ permalink/2006/ poma/info/en/frontpage.htm>. Accessed 10 October 2015.

Huanca, L. T. (1989). *El yatiri en la comunidad aymara.* La Paz: Ediciones CADA.

Huertas Vallejo, L. (1981) Poblaciones indígenas en Huamanga colonial. In A. Castelli, M. Koth de Paredes, & M. Mould de Pease (Eds.), *Ethnohistoria y antropología andina* (pp. 131-144). Lima: Museo Nacional de Historia.

Kicza, J. (1997). Native American, African, and Hispanic communities during the middle period in the colonial Americas. *Historical Archaeology, 31*(1), 9-17.

Léon Llerena, L. (2014). Narrating conversion: Idolatry, the sacred, and the ambivalences of christian evangelization in colonial Peru. In S. Arias, & R. Marrero-Fente (Eds.), *Coloniality, Religion, and the Law in the Early Iberian World* (pp. 117-135). Nashville, TN: Vanderbilt University Press.

MacCormack, S. (1991). *Religion in the Andes: Vision and imagination in early colonial Peru.* Princeton, NJ: Princeton University Press.

Millones, L. (1979). Los dioses de Santa Cruz (comentarios a la crónica de Juan de Santa Cruz Pachacuti Yamqui Salcamaygua). *Revista de Indias, 39*(155-158), 123-161.

Millones, L. (1998). Logros y azares de la cristianización colonial: El obispado de Huamanga. In L. Millones, H. Tomoeda, & T. Fuji (Eds.), *Historia, religión y ritual de los pueblos ayacuchanos* (pp. 29-49). Osaka: National Museum of Ethnology.

Millones, L., Castro-Klarén, S., & Albornoz, C. (Comps). (1990). *El Retorno de las huacas: estudios y documentos sobre el Taki Onqoy, siglo XVI.* Lima: Instituto de Estudios Peruanos.

Millones, L., & Tomoeda, H. (201). *La Cruz del Perú*. Sevilla: Universidad de Sevilla.
Mills, K. (1997). *Idolatry and its enemies: Colonial Andean religion and extirpation, 1640-1750*. Princeton, NJ: Princeton University Press.
Mills, K. (2007). The naturalization of Andean christianities. In R. Po-Chia Hsia (Ed.), *The Cambridge History of Christianity: Reform and Expansion 1500-1660*. Vol. 6 (pp. 508-539). Cambridge, NY: Cambridge University Press.
Mújica Pinilla, R. (2004). El "Niño Jesús inca" y los jesuítas en el Cusco virreinal. In R. López Guzmán (Eds.), *Perú: indígena y virreinal* (pp. 102-106). Madrid: SEACEX, 2004.
Murra, J. V. (2002). La función del tejido en varios contextos socio-políticos. En *El mundo andino: Población, medio ambiente y economía* (pp. 153-170). Lima: PUCP. (Original work published 1958)
Ortiz Rescaniere, A. (1973). El mito de la escuela. In J. M. Ossio (Ed.), *Ideología mesiánica del mundo andino* (pp. 238-243). Lima: Colección Biblioteca de Antropología Ignacio Prado Pastor.
Polia Meconi, M. (1999). *La cosmovisión religiosa andina en los documentos inéditos del archivo romano de la Compañía de Jesús (1581-1752)*. Lima: Pontificia Universidad Católica del Perú.
Powers, K. V. (1995a). *Andean journeys: Migration, ethnogenesis, and the state in colonial Quito*. Albuquerque, NM: University of New Mexico Press.
Powers, K. V. (1995b). The battle for bodies and souls in the colonial north Andes: Intraecclesiastical struggles and the politics of migration. *The Hispanic American Historical Review, 75*(1), 31-56.
Prado, P. de. (1650). *Directorio spiritual en la lengua española y quichua general del inga*. Lima: Luis de Lyra.
Pratt, M. L. (1991). Arts of the contact zone. *Profession*, 33-40.
Ramírez, S. (2005). *To feed and be fed: The cosmological bases of authority and identity in the Andes*. Stanford, CA: Stanford University Press.
Romero, C. A. (1918). Idolatrías de los indios Huachos y Yauyos. *Revista histórica, 6*, 180-197.
Salas Coloma, M. (1998). *Estructura colonial del poder español en el Perú: Huamanga (Ayacucho) a través de sus obrajes: siglos XVI-XVIII*. Lima: Pontificia Universidad Católica del Perú, Fondo Editorial.
Salas Coloma, M. (2002). Advenedizos y traspuestos: los mitmaquna o mitimaes de Vilcashuamán en su tránsito de los tiempos del Inka al de los "Señores de los Mares." *Boletín de Arqueología PUCP, 6*, 57-78.

Sallnow, M. J. (1982) A Trinity of Christs: Cultic processes in Andean catholicism. *American Ethnologist, 9*(4), 730-749.
Sallnow, M. J. (1987). *Pilgrims of the Andes: Regional cults in Cusco*. Washington, D.C.: Smithsonian Institution Press.
Sánchez García, J. (2015). El misterio de los huancas, una aproximación a la cosmovisión andina desde el cerro Pariahuanca. *ARKEOS, 7*(14), 1-24.
Santa Cruz Pachacuti, J. de (1950). Relación de antigüedades de este reino del Perú. In M. Jiménez de la Espada (Ed.), *Tres relaciones de antigüedades peruanas* (pp. 207-281). Asunción del Paraguay: Editorial Guaranía. (Original work published 1613)
Stanfield-Mazzi, M. S. (2015). Weaving and tailoring the Andean church: Textile ornaments and their makers in colonial Peru. *The Americas, 72*(1), 77-102.
Stern, S. J. (1982). *Peru's Indian peoples and the challenge of the Spanish conquest: Huamanga to 1640*. Madison, WI: University of Wisconsin Press.
Sweet, J. H. (2011). *Domingos Álvares, African healing, and the intellectual history of the Atlantic World*. Chapel Hill, NC: University of North Carolina Press.
Taylor, G. (2000). *Camac, camay y camasca y otros ensayos sobre Huarochirí y Yauyos*. Lima: Instituto Francés de Estudios Andinos, Centro Bartolomé de Las Casas.
Taylor, W. J. (2012). Placing the cross in colonial Mexico. *The Americas, 69*(2), 145-178.
Torre y López, A. E. de la. (1992). La Cruz en el Perú. In J. Sánchez Herrero (Ed.), *Las cofradías de la Santa Vera Cruz* (pp. 537-553). Sevilla: Universidad de Sevilla.
Torres, B., & Pastor, P. I. (1974). *Crónica agustina de Bernardo de Torres*. Lima: Imprenta de la Universidad Nacional Mayor de San Marcos. (Original work published 1657)
Valenzuela Márquez, J. A. (2005). Cruces contra *huacas* en la cristianización antiidolátrica del Perú. *Boletín del Instituto Riva-Agüero, 32*, 13-33.
Valenzuela Márquez, J.A. (2006). "…que las ymagenes son los ydolos de los christianos." Imágenes y reliquias en la cristianización del Perú (1569-1649). *Jahrbuch für Geschichte Lateinamerikas, 43*(1), 41-66.
Valenzuela Márquez, J.A. (2007). El culto a las imágenes en la cristianización del Perú: herencias, ambigüedades y resignificaciones. *Rivista di storia del cristianesimo, 4*(2), 465-488.

Vargas Ugarte, R. (Ed.) (1951). *Concilios limenses (1551-1772)*. Vol. 1. Lima: Imprimatur.

Vauchez, A. (1997). *Sainthood in the later middle ages*. New York, NY / Cambridge, UK: Cambridge University Press.

Villagomez, P. de. (1919). *Carta pastoral de exortación e instrucción contra las idolatrías de los Indios del arçobispado de Lima*. Colección de libros y documentos referentes a la historia del Perú, 12. Lima. (Original work published 1649)

Voss, S. F. (2002). *Latin America in the middle period, 1750-1929*. Wilmington, DE: Scholarly Resources.

Wachtel, N. (1976). *Los vencidos: los indios del Perú frente a la conquista española (1530-1570)*. Madrid: Alianza.

Wightman, A. M. (1990). *Indigenous migration and social change: The forasteros of Cuzco, 1570-1720*. Durham, NC: Duke University Press.

Yaranga Valderrama, A. (1995). Las "reducciones," uno de los instrumentos del etnocidio. *Revista Complutense de Historia de América, 21*, 241-262.

Sobre la noción de lo andino: Ciencia, literatura y consumo[1]

Jorge Coronado
Northwestern University

Resumen

El ensayo esboza a grandes trazos la evolución de la noción de *lo andino* desde mediados del siglo XIX hasta finales del siglo XX. Como ejemplos de la diversidad de la noción se identifican tres de sus manifestaciones que se dieron en las primeras décadas del siglo XX en el Perú en los campos de la arqueología, la crítica cultural, y el arte gráfico.

Palabras clave: lo andino, literatura, arte, arqueología.

Abstract

This essay traces out the evolution of the notion of *lo andino* from the middle of the nineteenth century until the end of the twentieth century. As examples of the diversity signaled by the notion, the essay identifies three manifestations of it that arose in the first decades of the twentieth century in Peru in the areas of archeology, cultural criticism, and graphic art.

Keywords: Andean, literature, art, archeology.

¿Cómo entender *lo andino* y todo lo que a través de ese término se nombra hoy en día? ¿Por qué importa entenderlo? Propongo que, como noción y luego como término de uso corriente, lo andino le ha dado cierta forma a los saberes múltiples que se han construido para interpretar la región. Ya en 1986, el historiador Alberto Flores Galindo insistía desde su disciplina en la utilidad del término para conceptualizar la región y su historia, ampliamente entendidas:

> [E]l término "andino" [...] [t]iene más de una utilidad, porque permite, por ejemplo, desprenderse de la connotación racista que implicaba la palabra indio, evoca la idea de una civilización, no se limita a los campesinos sino que incluye a pobladores urbanos y mestizos, toma como escenario la costa y la sierra, transciende los actuales límites nacionales y ayuda a encontrar los vínculos entre la historia peruana y las de Bolivia y Ecuador. (1987, pp. 11–12)

Según el contexto de finales de siglo XX que reproducen las palabras de Flores Galindo, el término facilita el entrelazamiento de la historia con el presente al tiempo que permite vincular las ideas surgidas de un proceso histórico con hombres de carne y hueso. Sin duda, lo andino ha tomado ese papel en la creación de nuevas historias inclusivas, como, por ejemplo, la del mismo Flores Galindo. Sin embargo, las funciones del término que el historiador peruano anota y, ante todo, las que se refieren a la recuperación de sociedades indígenas y la unión de espacios geográficos distintos, son el resultado de un proceso largo y variado que data de la independencia.

Si antes de la independencia "los Andes" se utilizaba primero para designar una parte reducida del imperio incaico y luego para toda una región montañosa donde se había arraigado el imperio derrotado, posteriormente encontraría su sentido en su no-coincidencia con los nuevos términos geo-políticos implementados en América Latina. Es decir, tras la independencia, "los Andes" y después "lo andino" ya no funcionan primariamente para señalar un lugar físico, sino más bien operan dentro de una compleja red simbólica donde contrastan con otros términos altamente abstractos como "nación" y "cultura" a la vez que los matizan. Esta dinámica persiste en la zona andina, como demuestra Denise Arnold en el primer capítulo de este volumen en su estudio de la instrumentalización de la arqueología en las políticas culturales del estado en Bolivia. Diría que una disposición agudamente conceptual del término lo andino predomina hoy mismo cuando la intención es señalar grupos y prácticas concretos. Podríamos hablar, por ejemplo, del MAS o el CONAIE, pero preferiblemente la profundidad del término se entiende en las identidades que esos grupos proyectan o en prácticas culturales colindantes, como muestra el caso de la arquitectura *neo-andina* del arquitecto boliviano Freddy Mamani.

"Los Andes" representa un término que, en el siglo XIX, señala la emergencia gradual de la noción explícita de "lo andino" en el siglo XX. Propongo entonces que, en un primer momento y antes que el término "lo andino" se articulara como tal, la noción de "los Andes" se posiciona como un correctivo a la idea de la nación y la nacionalidad, dos conceptos que representan los horizontes utópicos de los grupos criollos. De la misma forma, la noción se utiliza desde un principio para suplir, como veremos, una deficiencia en el conocimiento científico. Precisamente, ese conocimiento ignora la cultura e historia indígenas. La asimilación de estas últimas en el saber científico depende, para realizarse, de herramientas como la arqueología y la antropología. Por ello, se trata de una idea que es inseparable del siglo de las luces en todos sus aspectos: por un lado está en la vanguardia de la democratización al utilizarse para nombrar a nuevos sujetos sociales, y, por otro lado, se emplea como herramienta científica que permite no solamente acumular dicho nuevo conocimiento respecto al país-campo (espacio) y la historia (tiempo) sino también valorar ese conocimiento al asignarle—desde y dentro del saber letrado—una posición de igual valor con respecto a la sociedad criolla y eurocéntrica de las grandes concentraciones urbanas del Perú, Bolivia y Ecuador.

Sobre Antigüedades peruanas

Todo esto lo constatamos en la obra fundadora de Mariano Eduardo de Rivero y Ustariz (1798–1857), en tres textos que, bajo el mismo título de *Antigüedades peruanas*, se publican en 1828, 1841 y 1851, en Londres, Callao y Viena respectivamente (Figura 3.1, página 98). Agrego que son textos que igualmente se podrían entender como historiografía o glosa de crónicas, y que difícilmente se distinguen de textos propagandísticos, puesto que explícitamente proponen el desarrollo de la economía local a través de inversiones extranjeras. El peruano Rivero fue nombrado por San Martín como primer Director del Museo de la Nación en 1826, y es conocido por su estrecha colaboración, luego de 1838, con el científico suizo Jakob von Tschudi. La relación con von Tschudi sería decisiva: al retornar éste a Europa en 1843, se volverá, como señala Sara Castro-Klarén, el "patrocinador principal de la obra de Rivero" (Castro-Klarén, 2008, p. 15). Castro-Klarén arguye persuasivamente que Rivero es el primer letrado peruano en conectar la investigación científica del pasado con el espacio territorial nacional, originando así el concepto de *archeo-space* que la autora define como el entendimiento del espacio en sus dimensiones temporales e históricas. Éste sería un elemento clave en los procesos de formación de naciones modernas.

Figura 3.1. Frontispicio, Rivero y Ustariz & von Tschudi, *Antigüedades peruanas*.

Antigüedades peruanas en su versión de 1851 incluye dos tomos. El primero está compuesto de diez capítulos de más de trescientas páginas en total. De los diez capítulos, la mayoría se preocupan por describir la historia a partir de crónicas y otras fuentes; las costumbres se apoyan en los mismos documentos; los orígenes de los incas parten del conocimiento europeo más reciente, que, por una parte, era frenológico y, por otra parte, fuertemente especulativo. El segundo tomo de láminas cuenta con 58 de estas, algunas de las cuales contienen varias imágenes. En las láminas se observa un enfoque que consiste en comunicar los objetos mismos que produjeron los incas y otras poblaciones andinas, entre los que se incluyen cerámica, textiles, edificios, momias, y obras públicas como los sistemas de regadío. El recorrido es denso y Rivero insiste en subrayar lo más desarrollado de la "nación peruana" a la vez que, de forma medida, anota los defectos de la misma sociedad, como por ejemplo la carencia de pintura y matemáticas (que según Rivero sí existían en otras sociedades también "avanzadas", como las europeas y la azteca). Es importante notar que, aunque frecuentemente usa el término "los Andes" para referirse a la región, prefiere términos como "la Nación Peruana" (p. iii) y "el Imperio Andino" (p. iv) para abordar la historia y cultura prehispánicas. Estos términos comunican, de forma variada y a menudo confusa, la diferencia racial, étnica, religiosa, etc, de las sociedades autóctonas en relación no solamente a los conquistadores, sino también a la república peruana.

El texto de 1851 presupone la existencia previa, en tiempos incaicos, de una entidad nación que se podría identificar con la moderna. Para el proceder de Rivero, esta comparación e identificación resulta crucial, pues se trata en realidad de un esfuerzo por robustecer la nacionalidad peruana contemporánea ante dos peligros principales: la ignorancia del pasado y su menosprecio. Mientras que el primero ha llevado a los pobladores a descuidar el país y construirlo inadecuadamente, el segundo ha hecho que lo identifiquen como la razón del presente estado desordenado de la nueva república. En su lugar, Rivero insiste en la esencia imperial del Perú *antes* de la presencia española. Su esfuerzo, en este sentido, busca recuperar saberes y comportamientos que permitirían el "progreso" de la nación moderna.

Curiosamente los dos extremos del libro—el "Prólogo" y las dos páginas del último capítulo que sirven como conclusión—son los que comunican escuetamente la meta—él usa la palabra "esperanza"—del proyecto de Rivero. Al cerrar la obra, se dirige a "la juventud" e indica en términos comparativos la utilidad de sus textos para la presente generación de peruanos (Rivero y Ustariz & von Tschudi, 1851a, pp. 307–309). Seguramente, la crítica ácida que Rivero pronuncia respecto al periodo colonial tiene que ver con la independencia recién ganada de América Latina y el rechazo de la cultura, historia e influencia españolas que es uno de sus resultados. Por lo tanto, al referirse a la suerte del incanato, Rivero nota su destrucción "bajo la cuchilla siempre humeante de la insaciable codicia é implacable fanatismo [español]" (1851a, p. 308). Ante esa destrucción y su resultante olvido, el trabajo de Rivero consiste en gran parte en formular la memoria:

> ¡Dichosos nosotros si coronados fuesen nuestros labores, viendo asociarse á los sabios y artistas bajo la direccion de un gobierno inteligente, activo y paternal, como el de los Incas, hijos del Sol, y salir la civilización peruana del polvo que la cubre, como Pompeya y Herculano, en estos últimos tiempos, de la lava que por tantos siglos las sepultaba! [sic]. (1851a, p. 309)

Acá, la memoria permite educar respecto al pasado pero, sobre todo, reanima un presente que desilusiona. Así, el saber moderno no señala algo muerto o perdido sino algo que es más bien inmanente, y que, además, permanece sólo levemente escondido bajo una fina capa de polvo. La labor de recuperarlo es mínima, pues requiere únicamente la observación, que aquí equivale a formar una identidad propia. La lámina de Pachacámac (Figura 3.2, página 100) metaforiza esta dinámica escuetamente en el plano visual

Figura 3.2. Lámina LIV, Rivero y Ustariz & von Tschudi, *Antigüedades peruanas*.

(1851b). Allí se encuentran representadas las estructuras del templo y otras edificaciones de ese lugar en formato estilizado. Es decir, se parece más a un plan que a una representación realista de las ruinas, ya que estas aparecen rodeadas de una serie de islas nombradas en el texto acompañante. En primer plano, se encuentran dos figuras masculinas, una parada y la otra sentada. Por la vestimenta, se entiende que uno es indígena y el otro no. De hecho, el que vuelve la mirada hacia el indio podría definirse por una carencia de identidad, al menos en términos nacionales, pues no se le puede asignar ninguna nacionalidad en particular. ¿Es extranjero? ¿Peruano? Sus rasgos se esconden tras el ala de un sombrero. Además, su mirada no se dirige a las ruinas, ni tampoco las mira el indígena. Acá, el estudiante escucha al profesor que encarna el Saber Moderno y que organiza el espacio físico de Pachacámac y sus ruinas a través del conocimiento de la historia que presumiblemente comparte. Se trata pues de una alegoría visual de los elementos de la nación, en el momento antes de su nacimiento.

Precisamente, la figura sentada se asocia no con las "ruinas" perfectamente sólidas y nítidas que están en la distancia, sino más bien con los escombros que están a su lado y la brecha que, significativamente, se impone entre él y el indígena. Al otro lado de esa brecha también está, naturalmente, el libro.

Si algo enseña el indio/maestro a la figura sentada, es a reconocerse en esas ruinas no del todo arruinadas. No está demás decir que el libro situado al lado del indígena no representa primariamente el conocimiento letrado, sino más bien el conocimiento del espacio visualizado en la lámina, y en un nivel superior, en *Antigüedades peruanas*. En la obra de Rivero ese espacio viene marcado como nacional en potencia y adquirible tanto en el discurso científico de su autor como en la visualización de éste a través de las imágenes. Se trata pues de identificar, tanto en el medio letrado como en el visual, los componentes dispersos de la nación. En esta lámina, la distancia entre el observador y ese acervo cultural indígena que aún no posee—es decir, la enajenación que experimenta el observador de la historia y la cultura andinas representadas en las ruinas—encarna el dilema que lo andino debe resolver.

Es entonces a partir de una proto-arqueología como deseo, práctica, y luego ciencia, que lo andino por primera vez cobra la función que tendrá a lo largo de las décadas en que le ha tocado estar vigente. Lo andino consiste en una operación diferencial, ya que el concepto opera entre un allá y un entonces, y un acá y un ahora que lo contrapesan. Este modo de funcionamiento implica que el concepto no sólo señala la relación tensa entre el presente y el pasado sino también entre el punto de destino y el de partida. Así, lo andino representa fundamentalmente una manera—no necesariamente exitosa—de introducir en una sociedad su historia y territorio enajenados. Por lo tanto, en lo andino también se puede encontrar un dispositivo para medir la distancia entre la ciudadanía moderna y las culturas locales que desde un principio no le pertenecen. La distancia aquí es una metáfora acaso demasiado inocua que en realidad comunica los prejuicios y lagunas conceptuales que brotan de los largos procesos de colonialismo, sus legados y nuevas versiones en la región. De este modo, muy lejos de ser una noción que fija una esencia, lo andino se refiere en diferentes momentos de su historia a una distancia movediza que persistentemente expresa un deseo de modernidad y un descontento con la misma.

Esta cualidad dúctil y maleable de la noción de lo andino se despliega notablemente a finales del XIX y a comienzos del siglo XX. Entonces, la noción se desarrolló de manera más compleja en el Perú mientras que en Bolivia y Ecuador el grado de evolución fue notablemente inferior en el mismo siglo. La centralidad del Perú en ese momento tiene que ver sin duda con el arraigo de las instituciones coloniales y sobre todo su administración, y la necesidad consiguiente de reformularlas en otra imagen que fuera moderna e independiente. Esa necesidad produce discursos que reivindican el papel de lo local en la nación. Acaso parezca contradictorio, por lo tanto, que las identidades que de alguna forma se basan en lo andino hoy en día se den de forma más dinámica en Bolivia y Ecuador, mientras que lo mismo no se puede estimar en el caso del Perú. La razón de esta inversión en la historia surge de la utilidad de la identidad indígena en los discursos que reclaman la emancipación de agentes subalternos en los países que no se encontraron en el centro del imperio español. Allí, partidos políticos como el MAS en Bolivia y el CONAIE en Ecuador han anclado sus demandas en la distancia de la cultura indígena con respecto a la sociedad dominante, como ha estudiado José Antonio Lucero (2008). Esa distancia se articula precisamente como lo andino. No se puede decir lo mismo del Perú contemporáneo, en parte por la primacía de conceptualizaciones clasistas en la formación de identidades políticas en su historia.

Al organizar la larga historia de esta noción y sus transformaciones, me ha parecido conveniente trabajar desde tres conceptualizaciones principales, relacionadas pero distintas, a través de las cuales el espacio geopolítico, la gente que en él habita, y sus culturas se han definido bajo el rubro de lo andino. Como hemos visto, su primera manifestación es propia de la antropología y la arqueología y surge de la aplicación de los métodos científicos de esas disciplinas a las culturas y zonas geográficas ligadas a las sociedades indígenas. Esta manifestación la clasifico como *científica*, pero entiéndase que sobre todo se trata de un acercamiento con prejuicios fuertemente culturales. Así se pueden entender las intervenciones de figuras como Mariano Rivero, Juan León Mera, Max Uhle, Julio C. Tello, José María Arguedas, John Murra y otros. Sus investigaciones descubren, miden y recuperan objetos, espacios, y prácticas andinas perdidas o encubiertas. Pero para nuestra discusión, lo más importante, como veremos, son los aparatos interpretativos que estos autores usan para darle un sentido específico a esa herencia.

Vale la pena notar que lo andino científico se da también en la universidad norteamericana, desde la cual surge de la necesidad, según el antropólogo William Stein, de homogeneizar las culturas e historias de la zona andina ante la diversidad de conceptos similares, asociados con otras regiones del mundo, que presenta la antropología internacional (Stein, 2010). Esta implementación de lo andino, aunque íntimamente ligada a versiones regionales en cuanto a su objeto de estudio, ya sean ruinas o poblaciones indígenas, dista de ellas porque no se trata de procesos de construcción de la nación e interpelación de ciudadanos, sino más bien de discursos científicos que buscan insertar sus objetos en esquemas globales, como por ejemplo el desarrollismo. Este es precisamente el caso del ejemplo conocido del Vicos Project de Cornell University, que definió lo andino como sujetos pobres necesitados de desarrollo.

La segunda manifestación sería una que llamaré simplemente "cultural" y cuyas primeras manifestaciones en los órganos letrados se remontan a finales del siglo XIX y se dan en todas partes de la zona andina, como muestra el trabajo reciente de Alan Durston (2014). La frustración del proyecto nacional en Bolivia y el Perú que representa la Guerra del Pacífico (1879—1883) y sus remedios posibles figuran como primordiales. Salvar el proyecto nacional constituía la tarea fundamental en el discurso cultural y político en cuanto la nación se entendía como una panacea para los males de la historia colonial y el estatus periférico. Esta conceptualización se expresa en su forma culminante en las obras narrativas de José María Arguedas.

Vale la pena aclarar que mientras "lo andino cultural" surge primariamente dentro de prácticas literarias, sin embargo, sería equivocado categorizar esta manifestación de lo andino como estrictamente literaria. Esto se explica por la simple razón de que, más que preocuparse por formular una idea sobre una literatura propia de la zona, obras como las de Arguedas se han dedicado principalmente a la proyección de una cultura que se pueda identificar con ella. De esta manera, desde la literatura se ha favorecido la capacidad de proponer nuevos modelos culturales, pese a que no siempre se basan en innovaciones formales en el campo literario.

La tercera manifestación de lo andino circula en la sociedad civil y la esfera pública de varios países andinos—como por ejemplo en los tres ya mencionados—a lo largo de los últimos cien años. Forma el eje central de las articulaciones de la identidad nacional tanto en la cultura popular de masas como en discursos oficiales y críticos. Los sentidos étnicos y raciales siguen operando en ella, pero lo hacen en una posición de clara subordinación al sujeto cultural. Aunque estoy describiendo esta manifestación como "pública", que quede claro que su diversidad es enorme, ya que se encuentra tanto en los escritos de los órganos y pronunciamientos oficiales de los gobiernos en la región, como también, de manera variadísima, en la cultura popular. Prueba de lo primero, por ejemplo, es el libro *Lo andino, una realidad que nos interpela*, una colección de ensayos que conceptualiza el aporte de los procesos bolivianos recientes como precisamente la concretización de lo andino en cuanto cultura regional (Estermann, 2006). Dentro del segundo caso se encuentran productos culturales tales como la telenovela *El gran reto* (2008), que se centra en la vida melodramática y peripatética de un grupo de danzantes de tijeras, y la película documental reciente sobre música andina ¡Kachkaniraqmi! (2013). Un simple vistazo a la diversidad de registros y actitudes hacia la cultura andina que se observan en estas dos últimas obras señala la complejidad que resulta de la expansión del término para incluir, por ejemplo, tanto a las culturas urbanas como las afroperuanas. Por ejemplo, *El gran reto* escenifica las creencias y prácticas andinas, desde los bailes rituales hasta el culto a las montañas, dentro del espacio citadino, y es más, lo caracteriza como un lugar natural para el desarrollo de las mismas. Asimismo, ¡Kachkaniraqmi! inesperadamente incluye la música negroide—término que en el Perú se utiliza para referirse a las tradiciones musicales de descendientes africanos—en su recorrido por la música andina, absorbiéndola bajo ese rubro.

Aunque parezca a primera vista lo contrario, estas tres manifestaciones de lo andino permiten formular los objetos que hasta cierto punto son entre sí independientes, en tanto que aquello que denominan como "andino" se crea a posteriori, precisamente a través de la intervención que cada versión de lo andino realiza en campos históricos, políticos y culturales. Tranquilamente se los podría estudiar por separado, cosa que por cierto muchos han hecho desde distintas perspectivas disciplinarias, como Orin Starn, Frank Salomon, William Stein, Arguedas, Flores Galindo, Antonio Cornejo Polar y Castro-Klarén entre otros. Diría además que la primera manifestación de lo andino, la científica, circula no sólo dentro de la antropología y la arqueología sino también en el campo de la historia; la segunda, la que he denominado como cultural, se mueve dentro de la literatura y los estudios literarios y culturales; y la tercera, la pública, como he sugerido, comienza a desbordar el discurso político de la esfera pública para, finalmente, volverse popular y masiva. Sin embargo, al tratarlos aisladamente se corre el riesgo de perder de vista las conexiones íntimas entre las tres áreas y, sobre todo, la manera en que lo andino cultural ha servido de puente popularizador entre lo andino científico y lo andino público. Esta función queda patente en la historia peruana de las primeras décadas del siglo XX.

Los años 20 se convierten en la escena de una compresión inaudita de los saberes que vienen tomando fuerza hasta ese momento y que luego se despliegan a través de una producción cultural variadísima. Es en ese momento donde la noción de lo andino encuentra su mayor densidad, entendida esta en función de la calidad de sus discursos y las acciones culturales a las que llevan. Ni antes ni después los discursos estarían tan inmiscuidos y entrelazados los unos con los otros aunque, eso sí, a finales del siglo XX encontrarían una repercusión y expansión desconocidas hasta ese momento, dándose pues también en lo culinario, el turismo, la política, y los medios masivos.[2]

Esta convivencia de las tres versiones de lo andino en los años 20 la podemos constatar en tres figuras principales de la cultura peruana: Julio C. Tello, José Carlos Mariátegui y Elena Izcue. Se trata de figuras cuya intensa actividad intelectual y artística sería impensable sin considerar las interconexiones entre ellos: el crítico Mariátegui, por ejemplo, absorbe el conocimiento científico del arqueólogo Tello para montar su crítica de la historia del Perú; la artista Izcue deja su impronta visual en textos como *Amauta* (1926–30), que ilustró a petición de su editor Mariátegui; y, por último, Tello contrata a Izcue como asistente y dibujante cuya labor permite la distribución visual de sus investigaciones, que serán absolutamente esenciales en la arqueología moderna. En los tres casos, lo andino resulta ser mucho más que una manera de invocar o interpelar la nación, puesto que sus manifestaciones no solamente evocan elementos, historias y culturas que de alguna manera exceden y desafían la idea de la nación sino que también lanzan lo andino a otros circuitos desconocidos, donde el concepto acumulará otros significados y cumplirá otras funciones acaso imprevistas por sus voceadores.

A manera de cierre de esta incursión por la evolución de lo andino desde mediados del siglo XIX, me gustaría concluir con un análisis de las tres manifestaciones de lo andino a partir de las contribuciones de Tello, Mariátegui e Izcue.

Lo andino científico

En la figura de Julio Tello vemos hasta que punto lo andino es un producto de un vaivén entre lo local y lo global, y, más concretamente, una manifestación de la sistematización del mundo y sus culturas a través de un proyecto que buscaba fijar orígenes culturales. Prueba de ello no es solamente el trabajo de Tello, ricamente informado por la más reciente ciencia del norte, sino también su formación en Harvard y sus estudios en Londres y Berlín. El apoyo y el reconocimiento de instituciones extranjeras serán una constante en la obra y vida de Tello, y ese diálogo académico impulsa una obra que buscará formular un pasado para la nación peruana pero, con una intensidad acaso mayor, se propone institucionalizar un sentido de lo andino a través de la gestión de museos y programas universitarios y actividades políticas. Así, Tello ejerce como arqueólogo de campo a la vez que trabaja como director de antropología en el Museo de Historia Nacional, catedrático en la Universidad Nacional Mayor San Marcos y representante de su provincia natal de Huarochirí en la Cámara de diputados. Actividades como estas estaban lejos de ser discretas en la vida de Tello, a tal punto que el arqueólogo a menudo promovía leyes que le permitirían llevar a cabo sus proyectos científicos con mayor facilidad (Burger, 2009).

Para entender a Tello también habría que pasar por un análisis de lo que significa su presencia en Lima a comienzos de siglo. Así como otros intelectuales de origen provinciano, como por ejemplo César Vallejo y el mismo Mariátegui, Tello migra a Lima para buscar oportunidades de ascenso social. En su caso, la educación representaría esa posibilidad. Pero a diferencia de otros intelectuales, en su vida profesional Tello se identifica con las culturas indígenas. Además, recibe el apoyo de poderosas figuras intelectuales como Ricardo Palma, gigante en las letras del siglo XIX y director de la Biblioteca Nacional cuando Tello llega a Lima. Dado el impulso estatal y social de integrar a los indígenas en la vida nacional luego del desastre de la Guerra del Pacífico (1879-1883), habría que entender la manera en que Tello no solamente escribe lo andino, sino que también lo encarna en su momento. Él representa, de este modo, al indígena letrado que puede legitimar la inclusión de su raza en los proyectos nacionales.

La obra principal de Tello, *Introducción a la historia antigua del Perú* (1921), arguye la tesis monogenista que sustentaría y repetiría a lo largo de su carrera y que vendría a ser su contribución mayor a la teoría arqueológica. Esa tesis parte de la descripción del mundo andino pre-hispánico como algo agudamente diverso para luego plantear lo que sería un arco histórico con un principio y un punto final claros. Por ello, la obra de Tello constituye un intento de conceptualizar el Perú "como una sola región geo-étnica" (1921, p. 41).

La diversidad que Tello identifica en el territorio nacional la atribuye a la riqueza originaria de la cultura Chavín, en el norte peruano, que vendría a ser una especie de acervo de prácticas y conocimientos indígenas. Curiosamente, sus herederos lo son precisamente porque saben incluir y aprovechar toda esa gama de diversidad social: "Fueron los incas [...] los que idearon toda esa urdimbre ejemplar de preceptos políticos y administrativos que tuvo por propósito el acercamiento y la fusión de los elementos y factores heterogéneos, para echar las bases de una gran nacionalidad" (1921, pp. 38-39).

Así, los textos de Tello conceptualizan el mundo andino en su diversidad como la expresión de un núcleo u origen singular. De acuerdo a su perspectiva, la cultura de Chavín se diferencia de la incaica precisamente porque no absorbe una diversidad de culturas, como ésta última, sino que más bien las origina, lo que supondría que los incas reunieron—ya de forma nacional—las características de las culturas andinas precedentes y dispersas. Por lo tanto, desde la arqueología como lugar que determina un origen (de varios tipos), Tello señala la unidad del espacio andino y, particularmente, de su cultura. Esto lo conceptualiza en contra de lo hispano, que más que una interrupción o dispersión, significa para él la exclusión de la cultura indígena del ámbito de lo nacional.

Acaso el sentido de lo andino, y su distancia de lo peruano, se encuentra en la conclusión de Tello en la cual arguye que la "actual civilización hispano-peruana no puede levantarse sino sobre el pedestal indígena" (1921, p. 48). Se trata pues de un objeto cultural indígena cuya diferencia tiene que ser procesada como fundacional, pero no coetánea. En cambio, se comunica enfáticamente la función absorbente y representativa de la entidad nacional respecto a las diferencias culturales que se podrían incluir en su territorio. Precisamente esta función depende de los aparatos y esferas culturales a través de los cuales se pueden realizar estas inclusiones en el orden simbólico. Vale la pena subrayar el acercamiento del saber científico de Tello a la política cultural del gobierno de Leguía, tal y como la han descrito autores como Gabriel Ramón Joffré (2014). El auge de su influencia coincide con su vocerío de las metas del gobierno de Leguía, entonces presidente de la república, cuyo apoyo financiero y político le era indispensable a Tello. En parte, la legitimación que ofrece ese apoyo confiere al trabajo científico una autoridad extraordinaria y consolida su influencia sobre toda una generación intelectual.

Lo andino cultural

No hay duda que el trabajo de Tello y su enaltecimiento de la historia y prácticas prehispánicas influyen poderosamente en Mariátegui, el intelectual por excelencia de los años 20. La interpretación estándar de cómo surge la crítica feroz que montará Mariátegui en contra de la economía colonial y su persistencia en el Perú republicano se ubica en el entrecruce de la historia local y el conocimiento que el pensador adquiere tras volver de su estadía en Europa en 1923. Precisamente esa historia local impacta hondamente en la elaboración del significado de lo andino cultural en el caso de Mariátegui y, en realidad, en toda la intelectualidad del momento. Pero relativamente pocos se han fijado en la lectura asidua que Mariátegui hizo de la arqueología de Tello.

En el caso de Mariátegui, a ese aprendizaje hay que agregarle otro para poder entender cómo articula lo andino en su momento. Durante las últimas décadas del siglo XIX e impulsadas por la ascendencia del indigenismo en los 20 y 30, estallan las sublevaciones indígenas de mayor repercusión en la historia andina moderna. Como han estudiado Jorge Basadre, Silvia Rivera Cusicanqui, el THOA y Flores Galindo, ese rechazo violento del status quo colonialista en el que se encuentran los indígenas del sur andino tiene un impacto hondo en la imaginación intelectual peruana y boliviana. La historia, tal como la han elaborado estos historiadores y otros de algún tiempo a esta parte, ha venido matizando esas interrupciones en la vida nacional para que, hoy por hoy, las entendamos no ya como acciones repentinas y sin metas claras, sino más bien como demandas premeditadas que empleaban una gama amplia de herramientas entre las cuales la violencia fue sólo una más. Bajo este rubro podríamos incluir, por ejemplo, la rebelión de Corocoro, Bolivia, en 1914, en la cual destaca la figura del cacique Santos Marka T'ula; y también el gesto separatista que llevó a una comunidad en Puno a declarar la república independiente de Wancho Lima en 1923, cuyo presidente fue el líder indígena Carlos Condorena Yujra (Ayala, 2006; Taller de Historia Oral Andina, 1986). El hecho de que estos y otros alzamientos hayan sido derrotados por el estado no significa en absoluto que el desafío indígena haya sufrido la misma suerte. Al contrario, en estos dos casos la respuesta militar a menudo conlleva una búsqueda de contestación por otras vías como la adquisición de la letra, entendidas como una forma de hacerse un lugar dentro de la modernización política y social, vale decir, dentro de la construcción de la nación. Acaso el mejor ejemplo de este tipo de adquisición sea el conocido y estudiado uso del sistema legal boliviano y el empleo de la escritura por el cacique apoderado Santos Marka T'ula.

En un primer momento, se requiere la traducción del significado de estas rebeliones para la sociedad civil, y serán los intelectuales los que se encarguen de esta labor de reinterpretación que llega a la esfera pública. Precisamente, quiero proponer que el proceso a través del cual se traduce esa violencia social a la esfera de la sociedad civil constituye un acto que se repetirá a lo largo de la elaboración y re-elaboración del concepto de lo andino en sus muchas formas. De lo que se trata es de un traslado de la protesta social hacia una expresión letrada de la experiencia indígena transformada en "lo andino cultural". Al difundirlo a través de los órganos de la esfera civil, como las conocidas revistas *Mundial*, *Variedades*, *Amauta* y otras más, se produce una enajenación entre "lo andino cultural" y los sujetos, a menudo indígenas, que de alguna manera lo originan.

En Mariátegui, esas rebeliones y el pasado indígena que relata Tello vendrían a formar dos pies del trípode conceptual—el tercero sería el marxismo—que sostiene la visión mariateguista del indio moderno. Mientras que la crítica del latifundio que hace Mariátegui no deriva de esta visión, su predicción de una sociedad andina revolucionaria y, fundamentalmente, su interpretación de la literatura sí dependen de su caracterización del sujeto subalterno indígena. El indio es lírico pero, sobre todo, radicalmente otro en su cultura, lo cual permite utilizarlo como la fuerza motriz de la revolución social. Hay que tener en cuenta que las figuraciones de Mariátegui tenían poco o nada que ver con la cultura indígena coetánea. Así, la cultura inmanente de las sociedades indígenas no era ni objeto de conservación ni el baluarte que se utilizó contra quienes manejaban el poder. Lo que operaba en el meollo de lo andino cultural era la noción de que los indios existían sin o casi sin cultura y que, por lo tanto, esa deficiencia se superaría al recibirla de otros, ya sean estos protectores o explotadores. Acaso sea esta una de las razones por la cual el *modus operandi* crítico de este momento resulta ser *negativo*, puesto que las grandes obras del momento, como *Los siete ensayos de interpretación de la realidad peruana* (1928) de Mariátegui, buscan desmantelar el sistema económico ascendente en la región, es decir, el gamonalismo con todas sus conexiones íntimas con el capitalismo nacional e internacional; sin embargo, a pesar de sus propuestas de un orden simbólico "indigeneizado", este suele reproducir el *Weltanschauung*—que por cierto a comienzos de siglo XX se encontraba en un proceso de transformación complejo—de los mestizos mesocráticos que lo enuncian. Vale la pena señalar la excepción posible que supone el escritor vanguardista Gamaliel Churata, quien, ya para los años 30 y en Bolivia, había elaborado una conceptualización de las cosmovisiones indígenas quechua y aymara que las transformaría en rejillas ordenadoras para la realidad y la historia no sólo andinas, sino mundiales, como ha analizado Elizabeth Monasterios (2015).

Así, la noción de lo andino cultural pasa a formar una base fundamental pero opacada de la crítica de Mariátegui y, en consecuencia, del movimiento indigenista, que minuciosamente supervisa la separación de la cultura indígena de los indios mismos para transformarla en otra, propia de los indigenistas que la promueven. No debe sorprender que el joven Mariátegui, ya en sus primeros escritos de 1917, comunique su fascinación por el tema en notas periodísticas sobre la rebelión en Puno del líder Rumi Maqui: "El general Rumimaqui, que entre nosotros era sólo el mayor Teodomiro Gutiérrez, entre los indios es el inca, el restaurador y otras cosas tremendas y trascendentales" (citado en Melgar Bao, 1995-1997, p. 133). Por el comentario de Mariátegui entendemos que la irrupción del indígena en la escena nacional creó una especie de vacío en la interpretación de la realidad del país que, por insuficiente que fuera, primero el comentario ensayístico y luego la investigación científica intentaron zurcir. Sin embargo, y a contrapelo de la lectura típica que se hace de su desarrollo intelectual, por lo menos en un aspecto se podría leer al Mariátegui joven en conexión con el Mariátegui maduro: en su escritura, el indígena se cifra como una fuerza disruptiva que requiere que se le preste un sentido. Esa necesidad de trasladar la alteridad indescifrable a la esfera civil moderna y nacional define el trabajo de lo andino cultural en la primera mitad del siglo XX.

Esta versión de lo andino se plasma de forma contundente luego de ser involucrada en una contienda netamente letrada que tiene a Mariátegui como figura central. A principios del siglo XX, la apariencia y vigencia de la idea de lo andino responde primordialmente a la necesidad de contrarrestar la ascendencia y la dominación que el llamado hispanismo tenía sobre la sociedad civil y sus órganos. Figuras como José de la Riva-Agüero y Ventura García Calderón representan cabalmente esta tendencia, viva aún en los escritos de autores como Mario Vargas Llosa. El hispanismo comparte con lo andino el esfuerzo por moldear las sociedades de una región sociopolítica de acuerdo a una herencia específica y la relevancia de ella en el presente y para el futuro. En un primer momento sus ubicaciones de la cultura en el fluir histórico serán diferentes. Mientras que el hispanismo se enfocaba en la conquista y la colonia para reclamar su vigencia, el indigenismo aprenderá a valorizar la cultura indígena, o si se quiere, la indigeneidad, cada vez más como fenómeno coetáneo y—este es un punto clave—*como cultura adquirible, consumible.* De esta manera, "lo andino cultural" inicia su transformación en "lo andino público".

Lo andino público

Acaso parezca contradictorio que el desarrollo de una noción de lo andino dentro de la esfera pública más amplia tenga sus orígenes en una institución de élite como lo fue la Escuela Nacional de Bellas Artes. Luego de 1918, la escuela se transformó en el centro del desarrollo y diseminación de un indigenismo pictórico que, como bien han notado los historiadores del arte, era el más conservador de la región, particularmente a la luz de los posicionamientos fuertemente políticos de movimientos pictóricos paralelos en Ecuador y, en menor grado, en Bolivia. Sin embargo, el efecto más profundo de la ENBA no tendrá lugar en su misión central de fomentar bellas artes como la pintura, la escultura, y el dibujo. Ese efecto se nota más bien en las adaptaciones de esas prácticas de élite hacia un mercado masivo y popular. El trabajo de Elena Izcue, quien más ampliamente que nadie hasta ese momento difundió un sentido de lo andino a través de sus múltiples contribuciones a la cultura visual, constituye un ejemplo idóneo para ilustrar esas adaptaciones.

Nacida en 1889 en el seno de una familia aristocrática en Lima, Izcue y su hermana gemela Victoria eran hijas naturales de un hombre pudiente que fue ministro en los gobiernos de fin de siglo. Aunque recibe una educación a la que muy pocos peruanos en ese momento podían aspirar, pronto se verá obligada a trabajar debido a su precaria situación económica. En una época en la que las opciones de la mujer son limitadas, a la edad de 17 años Izcue se inicia como maestra de escuela, profesión que mantendrá a lo largo de su vida. Años más tarde, en 1919, ingresa a la ENBA y allí se forma como artista visual. Bajo la influencia del indigenismo pictórico, Izcue se interesa por los artefactos indígenas y sus diseños, e incluso trabaja en los proyectos arqueológicos de Rafael Larco Hoyle, Tello y otros como dibujante. La labor y el aprendizaje de Izcue han quedado reflejados en un detalladísimo archivo legado por la artista (Izcue, 1999).

Los desplazamientos, que eran tan comunes entre los intelectuales de comienzos del siglo XX, no le son ajenos a Izcue. Junto a su hermana, sale del Perú a finales de la década del 20 para establecerse en París. Esa estadía en la capital francesa coincidiendo con figuras como el poeta César Vallejo se alargará una década. Mientras que en Lima se había dedicado al arte y la educación, en París encuentra diversas maneras de aprovechar sus talentos. Izcue mezclaría el aprendizaje artístico bajo la tutela de maestros como Fernand Léger, con trabajos remunerados, como los que realiza para la conocida casa de modas Maison Worth. El campo relativamente nuevo del diseño de moda para el consumo masivo, además de su trabajo artesanal para una clientela pequeña pero adinerada, le permiten disfrutar de una estabilidad económica hasta ese momento desconocida.

Las posibilidades que Izcue lleva a la práctica a nivel educativo en diferentes etapas de su vida y, sobre todo, su transformación de objetos culturales indígenas en diseños modernizados—como se puede observar en su obra *El arte peruano en la escuela* (Figura 3.3, página 112)—encarnan su contribución a la madurez de lo andino (Izcue, 1926). Como diseñadora, es la responsable de la difusión más significativa de diseños indígenas andinos en el mercado internacional. Se trata, pues, del primer momento en que se efectúa la comercialización de diseños visuales pertenecientes a culturas autóctonas andinas ante una audiencia global que las valora por el sentido de indigeneidad que conllevan. Acaso la marginación por su condición de mujer y su consecuente falta de reconocimiento como artista sea lo que impulsa las contribuciones más singulares de la pintora limeña a la popularización de lo andino. En los años 30, la producción industrial textil de sus diseños provoca el reconocimiento de sus telas como andinas o "peruanas" ante clientes parisinos y neoyorquinos. Así, en el caso de Izcue, el consumo se vuelve ese ámbito donde lo andino, por la diferencia cultural que conlleva, cobra un valor monetario. La producción de Izcue ofrece una interpretación de la cultura indígena a consumidores que poco o nada tienen que ver con la región. En

Figura 3.3. Izcue, detalle de lámina, *El arte peruano en la escuela*.

esta manifestación pública y de mercado, diría que lo andino llega a su más agudo nivel de abstracción con respecto a la realidad que lo impulsa.

Por lo mismo, "lo andino público" nos permite medir su vigencia como una especie de triunfo de la noción que iniciara Rivero. Aunque la función nacionalizante que le infundiera Rivero a su noción científica a mediados del XIX ya no cabe en la manifestación pública de lo andino que expresa Izcue, sí persiste en la obra de la artista el despliegue de la representación de la cultura indígena como una forma de conceptualizar la región, sus habitantes y su historia. De lo que se trata en este caso es de una negociación de lo local a nivel global. Nos enfrentamos entonces a una larga y extraña trayectoria que va de la proto-arqueología al mercado, de los espacios más depurados de la ciudad letrada hasta la difusión extrema del consumo popular globalizado y globalizante. Es allí, en las transformaciones que ocasionan los contactos múltiples e imprevisibles de la adquisición de bienes culturales a través de los medios masivos, que se tiene que buscar el sentido de lo andino hoy en día.

Agradecimientos

Agradezco a Carlos Abreu Mendoza la invitación a participar en la mesa "A Critique of Andean Reason, an Interdisciplinary Approach" que se realizó en LASA 2014 en Chicago. Igualmente, agradezco las intervenciones valiosas en esa conversación de Denise Arnold, Hannah Burdette, Sara Castro-Klarén, y Elizabeth Monasterios. Finalmente, expreso mi gratitud a los editores del presente volumen, Carlos Abreu Mendoza y Denise Arnold, por sus sugerencias y observaciones que han mejorado sustancialmente el texto.

Notas

1 Correspondencia pertinente a este ensayo debe dirigirse al autor: jcoronado@northwestern.edu.
2 Este cambio notable en la noción pero, sobre todo, en la función de lo andino se da a finales del siglo XX en la esfera política y en los medios de comunicación de masas por la infiltración de la noción en estos. Así pues, su circulación ocurre en estos espacios a la vez que, en la segunda mitad del siglo XX, disminuye el lugar y el prestigio de la institución de la literatura en cuanto aparato cultural dominante.

Referencias

Ayala, J. L. (2006). *El presidente Carlos Condorena Yujra* (1. ed.). Lima: Ed. San Marcos.

Burger, R. L. (2009). *The life and writings of Julio C. Tello: America's first indigenous archaeologist.* Iowa City, IA: University of Iowa Press.

Castro-Klarén, S. (2008). Las ruinas del presente: Cuzco, entre Markham y el inca Garcilaso. *INTI, Revista de Literatura Hispánica, 67,* 11–26.

Durston, A. (2014). Inocencio Mamani y el proyecto de una literatura indígena en quechua (Puno, Perú, década de 1920). *A Contracorriente, 11*(3), 218–247.

Estermann, J. (2006). *Lo andino, una realidad que nos interpela.* La Paz: ISEAT.

Flores Galindo, A. (1987). *Buscando un inca: identidad y utopía en los Andes.* Lima: Inst. de Apoyo Agrario.

Izcue, E. (1926). *El arte peruano en la escuela; L'art péruvien à l'école; Peruvian art in the school.* París: Editorial Excelsior.

Izcue, E. (1999). *Elena Izcue: el arte precolombino en la vida moderna.* (N. Majluf Brahim & L. E. G. Wuffarden, Eds.). Lima: Fundación Telefónica.

Lucero, J. A. (2008). *Struggles of voice: The politics of indigenous representation in the Andes.* Pittsburgh, PA: University of Pittsburgh Press.

Melgar Bao, R. (1995-1997). José Carlos Mariátegui y los indígenas: más allá de la mirada, diálogo y traducción intercultural. *Boletín de Antropología Americana, 31,* 131–141.

Monasterios P., E. (2015). *La vanguardia plebeya del Titikaka.* La Paz: Plural Editores.

Ramón Joffré, G. (2014). *El neoperuano: arqueología, estilo nacional y paisaje urbano en Lima, 1910-1940.* Lima: Municipalidad Metropolitana de Lima.

Rivero Ustariz, M. E., & von Tschudi, J. J. (1851a). *Antigüedades peruanas* (Vol. 1). Viena: Imprenta Imperial de la Corte y del Estado.

Rivero Ustariz, M. E., & von Tschudi, J. J. (1851b). *Antigüedades peruanas* (Vol. 2). Viena: Imprenta Imperial de la Corte y del Estado.

Stein, W. W. (2010). *Repensando el discurso andinista: algunos tonos del hemisferio norte percibidos en la historia cultural peruana* (1. ed.). Lima: Sur Casa de Estudios del Socialismo.

Taller de Historia Oral Andina. (1986). *El indio Santos Marka T'ula, cacique principal de los ayllus de Qallapa y apoderado general de las comunidades originarias de la República.* La Paz: Facultad de Ciencias Sociales UMSA.

Tello, J. C. (1921). *Introducción a la historia antigua del Perú.* Ciudad de los Reyes del Perú: Ed. Euforion.

Gamaliel Churata y esa beligerancia estética conceptualizada como "Andinismo"[1]

Elizabeth Monasterios Pérez
UNIVERSITY OF PITTSBURGH

Resumen

Historizar la construcción semántica del "andinismo" como categoría explicativa central al estudio de los procesos culturales andinos, es el objetivo de este artículo. En su desarrollo, busca visibilizar la intervención de Gamaliel Churata y la vanguardia del Titikaka en la discusión de por qué el "andinismo" que nacía en la edad de las vanguardias debía ser una beligerancia estética que, impulsada por demandas culturales descolonizadoras, problematizara las utopías de la modernidad. De cara a los estudios andinos, esta indagación al contexto histórico en que surgió el paradigma andinista invita a repensar este campo de conocimiento, sobre todo considerando los exacerbados debates de la crítica actual en torno al "andinismo" y "lo andino", asumidos a veces como categorías no problemáticas (cuando en verdad están cargadas de dificultades conceptuales) y otras, como conceptos esencialistas sin capacidad reflexiva y culturalmente sesgados.

Palabras clave: Ayllu Orkopata, beligerancia andinista, Boletín Titikaka, *El pez de oro*, estética andina, vanguardia del Titikaka.

Abstract

Historicizing the semantic construction of "Andeanism" as an explanatory category that is central to the study of Andean cultural processes, is the aim of this article. In its development, it seeks to uncover and reveal the interventions that Gamaliel Churata and the Titikaka avant-garde made in the discussion of why the "Andeanism" that was born in the age of the avant-gardes should be an aesthetic belligerence that, driven by decolonizing cultural demands, would problematize utopias of modernity. Vis-à-vis Andean studies, an inquiry into the historical context in which the Andeanist paradigm emerged invites to rethink this field of knowledge, particularly considering current debates about the meaning of "Andeanism" and "lo andino," perceived sometimes as unproblematic categories (when in fact they are loaded with conceptual difficulties), or as essentialist concepts lacking reflective capacity and providing justification for culturally-biased assumptions.

Keywords: Andeanist belligerence, Andean aesthetic, Ayllu Orkopata, Boletín Titikaka, *El pez de oro*, Titikaka avant-garde.

Con miras al XXXII congreso internacional de LASA (Chicago, 2014), Carlos Abreu Mendoza involucró a un grupo de investigadores en la preparación de un panel que se propusiera pensar los Andes como enclave cultural en el que conviven múltiples discursos académicos, artísticos e ideológicos. El proyecto formulaba preguntas precisas: ¿qué representan los Andes para Latinoamérica en el siglo XXI? ¿Qué relevancia tienen hoy día dualismos como centro/periferia o local/global en el pensamiento sobre los Andes? ¿Qué designa hoy en día "lo andino"? ¿Qué repercusiones o consecuencias tiene la centralidad del Perú en los estudios andinos?

Entendí que se trataba de un proyecto con el que me interesaba dialogar no sólo por la pertinencia de sus preguntas, sino porque desde hace ya varios años que estoy inmersa en el estudio de un evento cultural de principios de siglo XX que además de haber posicionado preguntas similares, las teorizó y problematizó desde perspectivas inéditas en la historia cultural andina. Me refiero a esa contra-marcha cultural que un puñado de mestizos e indios articuló en Puno a principios de siglo XX y caracterizó como Vanguardia plebeya del Titikaka, entendiendo en la adjetivización "plebeya" no sólo una referencia al estrato social de sus protagonistas, sino también una voluntad de producir arte, literatura y cultura fuera de coordenadas estéticas reguladas por las "bellas artes".[2] Entre sus impulsores destacan el carismático Gamaliel Churata (pseudónimo de Arturo Peralta Miranda) e intelectuales indígenas como Inocencio Mamani, Mateo Jaika, Manuel Allqa Camacho y Eustakio Aweranka. En la época, el mismísimo Luis Alberto Sánchez se refirió a este fenómeno como "el hecho más curioso e insólito de la literatura del Perú" (citado en *El pez de oro*, 2012, pp. 170-171),[3] y a fines de los 80 Antonio Cornejo Polar identificó a Churata como "uno de los grandes retos no asumidos por la crítica peruana" (1989, p. 140). Y sin embargo, hasta el momento ningún estudio del vanguardismo latinoamericano consigna la existencia de esta vanguardia en los términos en que fue formulada. A lo más que se llega es a admitir la presencia, en el sur andino, de un grupo literario identificado como "grupo orkopata" que, bajo el impulso de Gamaliel Churata y otros intelectuales mestizos de provincia, publicó, entre 1926-1930, una exitosa revista vanguardista de tinte indigenista denominada *Boletín Titikaka,* en cuyas páginas aparecieron trabajos de José Carlos Mariátegui, César Vallejo, Víctor Raúl Haya de la Torre, Jorge Luis Borges, Oliverio Girondo, Pablo Neruda, Magda Poral, Blanca Luz Brum, Luis Valcárcel, Jorge Basadre, Uriel García, Luis Alberto Sánchez, etc.

Afortunadamente, a partir de las últimas décadas del siglo XX y en lo que corre del XXI, se ha ido consolidando una vigorosa crítica literaria que, desde el Perú, Bolivia (país donde Churata vivió un exilio de más de treinta años), Brasil, México, Alemania, Italia y Estados Unidos, se ha planteado al estudio de ese evento de la cultura andina y ha logrado visibilizarlo. En 2012, bajo el cuidado de Helena Usandizaga, la editorial Cátedra reeditó *El pez de oro*, el único libro que Churata publicó en vida, y empezaron a publicarse sus trabajos inéditos. Pese a ello, es todavía muy marginal el conocimiento que la academia tiene de esta intervención vanguardista. Quizás el factor que más ha contribuido a este silenciamiento ha sido su carácter radicalmente plebeyo y descolonizador, que llevó a sus integrantes a cuestionar el impulso civilizador hispánico y las utopías de modernidad que traía el siglo XX, incluida la ideología del mestizaje y el privilegio del proletariado sobre el indio, percibido por el mismo Mariátegui como retardatario, primitivo y conservador.

A diferencia de la vanguardia de los ismos, del indigenismo vanguardista de Mariátegui, y del vanguardismo de Vallejo, al vanguardismo del *Titikaka* no lo convocó una exclusiva fascinación por "lo nuevo", sino más bien el impensable parentesco de "lo nuevo" con las demandas indígenas que contra el gamonalismo se desataron en el Perú a fines del siglo XIX y principios del XX. Una somera revisión histórica indica que, prácticamente desde la formación de la República, Puno fue el epicentro de esas movilizaciones. Desde fines del siglo XIX (1895) las presiones de la Peruvian Corporation por el control del comercio lanero produjeron conflictivos levantamientos indígenas en Ilave y Pomata, que hicieron crisis en 1923, cuando las comunidades indígenas de Huancané y Azángaro trataron de establecer un mercado autónomo para la comercialización de la lana de oveja, siendo masacradas por autoridades locales leales al gamonalismo.[4] Una de las primeras elaboraciones literarias del conflicto lanero apareció en 1902, cuando un *jaque arxatiri* [defensor de indios] juleño de nombre Telésforo Catacora escribió "Ayes del indio", un relato en el que el gamonalismo victorioso era ficcionalizado como "festín de energúmenos".[5] Años después, en 1917, los integrantes de un grupo literario denominado *Bohemia Andina* (del que Churata formaba parte) representó, en el atrio de la catedral de Puno, una obra teatral[6] basada en la masacre de la comunidad de indígenas de Chacamarca.[7] Las fechas que registran estos acontecimientos dejan ver que hacia 1922, cuando Vicente Huidobro establecía el creacionismo, Vallejo publicaba *Trilce* y Mariátegui leía a D'anunzio, en Puno incubaba una vanguardia en la que entraban en juego todas las diagonales de la vida moderna, incluida la feroz subalternización del indio y de las culturas indígenas. Una carta de Churata a Mariátegui, fechada en Puno el 27 de noviembre de 1926, ilustra magníficamente este escenario:

> Querido compañero Carlos Mariátegui:
>
> [...] Desde los primeros años declaré mi credo revolucionario. Cuando Ud. probablemente se nutría de selecta literatura, lo que sin duda le ha procurado esa admirable pureza y agilidad de su expresión, yo vomitaba (siempre sólo podré hacer eso) toda la dinamita que la esclavitud del indio producía en mis nervios. A los quince años desafiaba a duelo a un gamonal, a causa de los indios, y a los diecisiete me encarcelaban a causa de haber insultado el gobierno de Benavides. *Soy, pues, orgánicamente, un vanguardista* (en verdad que la palabra también me ha cansado) y mi colaboración a su labor obedece a eso. (Churata 1926/1984, p. 193, énfasis propio)

No es el propósito de este trabajo referirme en detalle a la formación del vanguardismo del Titikaka. Me limitaré a señalar sus más notables características y algunas de las coordenadas que orientaron su proyecto intelectual, deteniéndome en la discusión de esa "beligerancia estética" que fue el "andinismo" cuando se lo conceptualizó desde intereses anti-gamonalistas y descolonizadores.

Crucial para situar el vanguardismo del Titikaka en el contexto general de la vanguardia es comprender que a diferencia de otros vanguardismos, canalizados siempre a través de una figura autorial, el vanguardismo del Titikaka fue un proyecto colectivo. A la vanguardia plebeya del Titikaka los orkopatas (así se autodenominaron sus integrantes) no llegaron como autores individualizados. Llegaron como comunidad, como ayllu deliberante. Referirse a ellos como "grupo orkopata" es por tanto inapropiado. Mucho más adecuado es reconocerlos como ayllu-orkopata. El mismo Churata reclamó esta lectura en una de sus últimas intervenciones públicas, cuando ya de regreso al Perú después de un exilio de treinta y dos años, fue invitado (junto con Ciro Alegría, Izquierdo Ríos y José María Arguedas) a discutir su obra en el marco de una serie de conferencias organizadas por Godofredo Morote Gamboa en la Universidad Nacional Federico Villarreal:

> Allí [en Orkopata] nació la generación más brillante de la historia indigenista. […] nosotros hicimos una literatura porque vivíamos el complejo indigenista de nuestro pueblo. A nuestro lado vivían generaciones de indios que yo, al retornar al país después de tres décadas de ausencia, he encontrado convertidos en periodistas, en industriales, en hombres de una gran personalidad. No han tenido otra escuela que la escuela de Orcopata, que es el ayllu donde surgió este movimiento. De él dijo el profesor José Portugal […] "Orcopata no fue únicamente el ayllu de Gamaliel Churata; Orcopata fue la universidad de una generación". Allí, en Orcopata, vivíamos, pensábamos y escribíamos con los indios y en indio. De allí el indigenismo que nosotros propugnamos no ha sido comprendido. (1966/1989, pp. 65-66)[8]

Claramente se nos está diciendo que el ayllu orkopata no estaba conformado por "simples indigenistas", sino por escritores que "vivían el complejo indigenista" (ese conjunto de emociones e ideas reprimidas en torno al indio) no con la obsesión de "interpretar al indio", sino de pensar con él. Basadre, Sánchez, Antero Peralta, Valcárcel, Uriel García, el mismo Mariátegui, y tantos otros, vivían el mismo "complejo indigenista" pero con la obsesión de interpretar, representar, educar, reivindicar y modernizar al indio. Churata entendió perfectamente esa *diferencia,* pero no llegó a proponer que el "indigenismo" que practicaba el ayllu orkopata ya no era, en rigor, "indigenismo". Lo que sí le quedó claro fue que en Orkopata "surgió un movimiento vanguardista de raíz india" que absorbió, debatió y resemantizó todas las novedades que se estaban gestando en el Perú: los distintos indigenismos; el indianismo; el andinismo; la poesía, narrativa, teatro y música indígena; la vanguardia del Titikaka; el indigenismo vanguardista de Mariátegui; el vanguardismo internacionalista de Vallejo; el indoamericanismo; el "nuevo indio"; la estética andina; el socialismo; las tesis de los *Siete ensayos,* el aprismo; etc.

Persuadidos de estar viviendo "el siglo de la revolución social y artística" y resueltos a combatir un estancamiento cultural en los Andes, los orkopatas convirtieron el *Boletín Titikaka* en una *conversación* vanguardista práctica y estratégica, interesada en producir una categoría conceptual que problematizara las utopías de la modernidad privilegiando aspectos hasta ese momento ajenos al fenómeno vanguardista: su posibilidad étnica y su posibilidad provinciana. Esa categoría conceptual fue el "andinismo". Resulta impostergable entonces preguntarse qué entendían los orkopatas por "andinismo" y cómo y cuándo había surgido el término, sobre todo considerando que uno de los tropiezos más frecuentes de la crítica actual es precisamente la lectura que hace del "andinismo", asumiéndolo a veces como categoría no problemática (cuando en verdad está cargada de dificultades conceptuales) y otras, como concepto esencialista, milenarista y mesiánico, sin capacidad crítica ni analítica.

El paradigma andinista: ¿especulación filosófica o posibilidad de una "estética nueva"?

Contrario a lo que podría suponerse, el "andinismo" no surgió como categoría étnico-cultural, sino más bien como estrategia geopolítica destinada a promover, desde los Andes, liderazgo continental e integración sudamericana entre países que "hablaban la misma lengua" y compartían "la misma raza hispano-americana". Formalmente apareció en 1918, cuando el escritor puneño Federico More (1889-1955) publicó en La Paz *Deberes de Chile, Perú y Bolivia ante el problema del Pacífico,* donde vinculó el "andinismo" con la posibilidad de darle a Sudamérica "oriente político, confianza moral, originalidad artística y plena honestidad económica" (1918, p. 17). Pensaba More que "Sudamérica tiene en sus Andes el supremo símbolo de la más estupenda unidad" y que "si el Continentalismo es la fuerza de cohesión, el Andinismo es la fuerza de inspiración" (1918, p. 17). Un "andinismo continentalista" le daría unidad a países que, destinados a la unidad, estaban políticamente separados y hasta enemistados—como era el caso de Chile, Perú y Bolivia en las postrimerías de la guerra del Pacífico.

Esta coyuntura le daba al "andinismo" la particularidad de no estar referido a un país en particular, sino más bien al "continente andino". No se trataba de un asunto peruano exclusivamente, y lo probaba el hecho arqueológico de que "la cuna de nuestro continente está en la puerta del Sol de

Tiahuanacu, sede vetusta de la raza aymara" (More, 1918, p. 16). Semejante comprensión del territorio convertía a More en un escritor polémico que remitía la antigüedad quechua (privilegio peruano) a la aymara (vinculada a Bolivia), sugiriendo que, en materia andina, el sur peruano y el altiplano boliviano compartían un mismo proceso cultural iniciado en Tiahuanacu, lo que en lenguaje republicano significaba "Bolivia". En el Perú, estos planteamientos crearon gran controversia en la intelectualidad capitalina, a la que More ya antes había incomodado con ácidas críticas al centralismo limeño. Precisamente a raíz de su querella con Lima abandonó el Perú en 1918 refugiándose en Bolivia, país donde ejerció el periodismo, se vinculó a la élite intelectual, y publicó su célebre *Deberes de Chile, Perú y Bolivia ante el problema del Pacífico*, donde además de proponer su teoría "andinista", reclamaba al Perú una solución al enclaustramiento marítimo de Bolivia.

"Andinismo", por tanto, fue el término que un controversial escritor peruano forjó en Bolivia con el propósito de promover unidad sudamericana entre países que además de compartir lengua y raza, compartían una geografía fascinante: los Andes, con su antigüedad milenaria y su exquisita parafernalia de "llamas sobrias, vicuñas de ojos fugaces, finas alpacas, vizcachas ágiles, y quenas profundas" (More, 1918, p. 17). La paradoja de ese "andinismo" era el no-lugar que reservaba al indio y la interesada instrumentalización que hacía de su parafernalia cultural, predicando que "la raza más fuerte, la iniciativa más clara, el paisaje más bello, el agua más limpia, la tierra más longánima, la industria más activa, la inteligencia más seria, las costumbres más sobrias, la voluntad más alta, todo lo encuentran los sudamericanos en los Andes" (Ibíd.).

Para un sector liberal de la intelectualidad boliviana de principios de siglo XX que empezaba a salir del modernismo, interesarse por el positivismo científico y preocuparse por los desafíos sociales de un país literalmente saturado de indios, este "andinismo" alimentó un indigenismo de la representación que, como el de Alcides Arguedas, estaba precisamente tensado entre un discurso civilizatorio hispanizante y una problemática "defensa" del universo indígena.[9]

No sorprende que *Deberes de Chile, Perú y Bolivia ante el problema del Pacífico* haya sido publicado en 1918 —un año antes de *Raza de bronce*— precisamente con un prólogo de Alcides Arguedas, que presentaba el andinismo como "una fuerza telúrica" con capacidad de "engendrar un sólido sentimiento de cohesión en nacionalidades afines orientadas todas hacia el mar Pacífico que será, con el tiempo, que acaso comienza a ser ya, la gran y principal ruta de ligación entre las cinco partes del mundo" (1918, p. 2).

Pero no fue en Bolivia sino en el Perú donde se articuló una discusión crítica en torno al "andinismo". En 1925, siete años después de la publicación del libro de More, César Vallejo publicó un artículo que contenía la primera crítica a las posibilidades teóricas y conceptuales del término. Titulado "Los escritores jóvenes del Perú",[10] el artículo identificaba a Antenor Orrego, José Carlos Mariátegui, Federico More, Federico Esquerre y Luis Velasco Aragón, como integrantes de una nueva generación que en sus afanes por reproducir en América "la meditación taciturna que la guerra imponía entonces a las naciones y a los individuos", se habían lanzado a la "especulación filosófica" (2002, p. 79). More, en opinión de Vallejo, conocía "las inquietudes, los conflictos y las aspiraciones de todos los pueblos hispano-americanos" y era "el iniciador de una estética nueva, el andinismo, que ha desarrollado en su libro *Deberes del Perú, de Chile y de Bolivia ante el problema del Pacífico*" (1925/2002, p. 80). El "andinismo" quedó así percibido como una "especulación filosófica" que interpretaba "las aspiraciones de los pueblos hispanoamericanos" y ofrecía la posibilidad de una "estética nueva".

Sin entrar en debate con esa crítica ni con el indigenismo de Arguedas, hizo su aparición, en 1927, el indigenismo vanguardista de Mariátegui, que en sus planteamientos teóricos ni siquiera de pasada hacía referencia al "andinismo". Claramente, para Mariátegui el "andinismo" carecía de interés y no interpretaba las urgencias del momento, pero no precisamente por las razones que anotaba Vallejo sino más bien porque carecía de programa político. En este contexto de debate intelectual entre "andinismo" a la More, indigenismo a la Arguedas, indigenismo vanguardista y vanguardismo vallejiano, se produjo la intervención vanguardista de los orkopatas, que desde las páginas del *Boletín Titikaka* exploraron todas las posibilidades que ofrecía la época para *pensar más*. El "andinismo" fue precisamente la categoría que el *Boletín Titikaka* privilegió para ese fin, pero no como repetición obediente de la invención de More, sino más bien como *posibilidad estética* de múltiples resonancias. Esa *posibilidad* encontró su punto de arranque en abril de 1926, cuando la Editorial Titikaka publicó, en su Colección Plebeya y con grabados del artista arequipeño Manuel Domingo Pantigoso (Figura 4.1, página 123), el poemario de Alejandro Peralta *Ande* y lo difundió internacionalmente con eficacia memorable.

En cuestión de semanas llegaron a Puno notas de agradecimiento que, desde distintas perspectivas y distintas geografías, celebraban la singularidad de un libro que había sabido captar panoramas nativos con sensibilidad vanguardista. Tan sorprendente recepción era síntoma del sacudimiento que había generado una poesía que vanguardizaba con metáforas étnicas y provo-

Figura 4.1. Portada del poemario *Ande*, de Arturo Peralta. Grabado: Manuel Domingo Pantigoso.

caba asociaciones semánticas hasta ese momento impensables, como las que inauguraban el poemario invitando a mirar a una india con ojos nuevos: ya no aferrada a un paisaje folklorizado, sino más bien "brincando" locamente entre plantaciones de quinua, bajo "un cielo de petróleo" que "hecha a volar 100 globos de humo" y "una cuadrilla de aviones orfeonidas". Una india enamorada que ha corrido al encuentro del amante, y

> Bajo un kolli pordiosero
>
> ha hecho acrobacias locas con el Silvico
>
> en el trapecio de los nervios
>
> *I SE HAN SAJADO LAS CARNES*
>
> *I HAN HECHO CANTAR LA HONDA* ("c", 1926, p. 34, cursivas propias)

Páginas más adelante, una composición sugerentemente titulada "andinismo" echaba por tierra los facilismos de la tesis de More. En ese poema el "andinismo" quedaba vaciado de ingenuidades retóricas ("raza más fuerte, paisaje más bello, inteligencia más seria", etc.) y convertido en una beligerancia que ruge, se agita, compone el espectáculo de un volcán...

> Tengo que llenar mis bolsillos de peñascos
>
>   a donde sea
>
>   pero arriba
>
> Ruge la hélice de mis cabellos
>
>   ESTUPENDO
>
>   El sol está detrás de mis talones
>
>   Un gran vuelo serpenteante
>
>   Las cavernas se agitan
>
>   I mis resuellos como águilas
>
>   Un huracán de espinos i árboles
>
>   hacia el océano de las cumbres
>
>   Erupción del vesubio del alma
>
> *LOS MARTILLOS DE LOS MONTES*
>
>   *SOBRE LOS YUNQUES PULMONARES* (1926, p. 43, cursivas propias)

Entre las muchas esquelas que llegaron a Puno celebrando la publicación de *Ande,* encontramos las remitidas por More, Mariátegui y Vallejo. Basta una mirada a esas misivas para apreciar la variedad de intereses y sensibilidades con que estos escritores procesaron las *novedades* del poemario de Alejandro Peralta. More, por ejemplo, entendió que la *novedad* del libro radicaba en "haber enfocado el panorama nativo con los cristales de una sensibilidad novísima", pero no reparó en la combatividad que lo atravesaba (*BT* agosto 1926, p. 7). Vallejo, desde París, expresó admiración y respeto por el poeta, pero no se interesó realmente en indagar los desafíos culturales que su obra había puesto a funcionar:

> Querido y gran poeta: Le envío un entrañable abrazo por su magnífico libro "ande". Me doy cuenta de que se trata de un artista mayor, de vasta envergadura creadora. Su libro me ha emocionado de la emoción de mi tierra. Mil gracias por este presente inapreciable. Siga Ud. por su vía. Puede estar seguro de que sus poemas quedarán. Son ellos de los versos que andan y viven. Lo demás está en los estantes y eso nos tiene in cuidado. Suyo con toda admiración. (*BT* setiembre, 1926, p. 12)

Mariátegui, que sí identificó el poema de Peralta como "poesía andina", mostró un sorprendente desconocimiento de lo que ese "andinismo" quería ser y hacer:

> Su libro es la más afinada e inspirada creación de poesía andina. Es Ud. el poeta moderno, "occidental" de los Andes primitivos, hieráticos y, por ende, un poco orientales. Nos ha dado Ud. al mismo tiempo que una magnífica y acrisolada obra de arte, un fehaciente testimonio de la realidad de un Perú Nuevo. (*BT* octubre 1926, p. 16)

Las esquelas que con mayor autoridad celebraron el poema de Alejandro Peralta fueron remitidas por figuras menos espectaculares pero definitivamente más sensibles con esa contra-marcha cultural que desde el *Boletín Titikaka* proponían los orkopatas. Una de esas figuras fue la de José Antonio Encinas, el legendario Director del Centro Escolar de Varones 881 de Puno, donde Churata y Alejandro Peralta cursaron la escuela primaria. En opinión de este maestro, el acierto de Peralta consistía en haber llevado a la poesía escenas "en las que el indio es el protagonista" y no, como suele imaginársele, un sujeto triste, monótono, "sentado sobre una roca tocando yaravíes" (*BT* setiembre 1926, p. 12.). Descalificando la percepción miserabilizada que en el Perú se tenía del indio, Encinas subrayaba que "hay que verlo como es: frente quemada de relámpagos / piernas mordidas de peñascos. Es decir ejemplar de la raza que hizo un imperio y que hoy es tan brava, audaz i enérgica como antes" (*BT* setiembre 1926, p. 12.).

Magda Portal fue otra de las figuras literarias del momento que apreció elogiosamente el libro de Peralta. Celebró ese encontronazo entre vanguardismo y panorama nativo que proponía la poesía de Peralta y le asignó el nombre de "ultravidencia", anotando que: "Este poeta con sus lentes de ultravidencia, desde el observatorio del cerebro, tiene instalada su central en el andamio de los andes, y se decora el espíritu con el aguamarina del Titicaca- fotógrafo del vasto panorama del cielo" (*BT* octubre 1926, p. 16). Igualmente incisivos fueron algunos artículos que ya en tono ensayístico discutían los alcances de la poética de Peralta. Uno de ellos fue el de Federico Bolaños,[11] publicado en el segundo número del *Boletín,* bajo el título "Alejandro Peralta y su libro *Ande*". Bolaños celebraba la aparición de "un nuevo intérprete del mundo" que "maneja la metáfora… con la misma limpia maestría con que maneja la honda el indígena puneño" (*BT* setiembre 1926, p. 11). Quedaron así sugeridos los profundos vínculos de la poesía de Peralta con la historia de luchas antigamonalistas en el sur andino.

La publicación, difusión y discusión de estos textos logró que en poco tiempo se instalara en las páginas del *Boletín Titikaka* un debate ya no sólo en torno al "andinismo", sino a la posibilidad de su instrumentalización estética. En el último número de 1926 apareció por primera vez la expresión "estética andina" a manera de título aglutinador de una serie de escritos referidos al poemario de Peralta pero ya apuntando a la construcción de un paradigma estético producido en la sierra. Uno de esos escritos, firmado por el intelectual cusqueño José Gabriel Cosío, reparaba en la extrañeza que producía el poema y vinculaba esa extrañeza a un "andinismo" que ya en nada se parecía al que había propuesto More:

> Extraño caso el de este poeta. Por sus novedades y arrestos, por su originalidad de pensamiento y la singularidad de su concepción poética, parece un ultraísta de las capillas más esotéricas y de los ritos más cabalísticos. Pero eso que a ratos parece verso y a ratos prosa, y a ratos ambas cosas a la vez, tiene una extraña y vigorosa sugestión para representar y evocar imágenes nítidas y restallantes de fuerza y energía, que no puede uno menos de decir que eso es Belleza y Arte, que es Poesía neta y emoción plenamente intelectual [...]. Peralta es un poeta acabadamente cerebral. Sus versos son arietes de ideas, y sus estrofas legión de cíclopes tallando un monte para hacer un Arte Andino. Y ahora es cuando he creído en el Andinismo, como sugestión y como ideal, como realidad y no como mera expresión verbal o una figura retórica aprendida en el aula. (*BT* diciembre 1926, pp. 23-25)

Los primeros esfuerzos teóricos por darle al "andinismo" una dimensión estética desvinculada de ingenuidades retóricas arrancaron en respuesta a la extrañeza que producía una práctica poética que *parecía* ultraísmo pero que no lo era, y que en su concreción llevaba a admitir que el "andinismo" era un aspecto concreto de la realidad. Churata, que desde un principio tuvo una idea muy clara de cómo instrumentalizar el "andinismo" como categoría estética no desvinculada del su contexto histórico, sugería que esa poesía que *parecía* ultraísmo era pura y simplemente la expresión de una "estética americana" que al honrar herencias indígenas resultaba "una novedad desorientadora para toda la inteligencia nutrida de prejuicio europeo" y confirmaba la paradoja de Bacon, "de que siendo los actuales venimos a ser los viejos" (*BT* diciembre 1926, p. 26). Con la acidez crítica que caracterizaba sus intervenciones, advertía que

> quienes, debiendo, no saben ver esta agitación en la estética convulsiva (peligrosa, para los burgueses de la literatura, según expresión cabal de Serafin del Mar) de nuestros artistas, pecan por senilidad, insuficiencia o malhumor

y entonces solo merecen el cenotafio grabado con las tristes palabras dantescas: ¡aquí se jodió una esperanza! (*BT* diciembre 1926, p. 26)

Una *posibilidad*. Eso era el "andinismo" para los orkopatas. Una posibilidad estética que había que trabajar, formular y reformular. El poemario de Alejandro Peralta proporcionó un formidable texto-base para llevar adelante esa reflexión, pero igual incidencia tuvieron la controversial tesis andinista de Federico More y la poderosa influencia de ideologemas epocales como el "indoamericanismo", el "mestizaje" y el "nuevo indígena",[12] que dotaron al "andinismo" de contenidos polémicos que hasta hoy día empobrecen los alcances que Churata y el ayllu orkopata quisieron darle. La *posibilidad* de una estética andina, por tanto, nacía en medio de formidables pugnas políticas y culturales. Rigurosamente reflexionada, historizada y autónoma por un lado; pero instrumentalizada políticamente, ingenua y permeada de indigenismo paternalista por otro. Cuando más creativa y desafiante fue la idea de una "estética andina" fue cuando la comunidad orkopata la promovió desde la diferencia vanguardista que irradiaba la poesía de Peralta y cuando Gamaliel Churata la conceptualizó como "beligerancia andinista" y la puso a funcionar en la escritura de *El pez de oro,* el libro que lo convirtió en uno de los escritores más polémicos e incomprendidos de América Latina.

Esa beligerancia estética denominada "andinismo"

Cuando en 1927 Churata caracterizó el "andinismo" como "beligerancia estética" no estaba jugando con figuras retóricas ni postulando esencialismos milenaristas. Le estaba dando expresión a un activismo cultural que cuestionaba a fondo el proceso constitutivo de la literatura peruana. No se trataba de una acción reformista. Se trataba de dar paso a una comunidad de acción que problematizaba los criterios que habían fundado y canonizado esa literatura: el idioma castellano, la tradición hispánica y su culto al humano-centrismo. No es difícil entender por qué un escritor tan abiertamente comprometido con las luchas indígenas descolonizadoras buscaba romper la hegemonía de una lengua y de una cultura únicas. Lo que resulta desafiante es el cuestionamiento al humano-centrismo que atraviesa su reflexión. En el Perú, José María Arguedas también había enfrentado este desafío y había escrito relatos conmovedores en los que un pino de Arequipa, la luz, los sonidos, las piedras y el reino animal en pleno, entraban en relación de correspondencia con los seres humanos, pero no había teorizado el potencial epistemológico de esas correspondencias, que precisamente por haber quedado sin fundamento teórico fueron vinculadas al "mito" y a un "mundo mágico" expuesto a escepticismos descalificadores, como confirma la áspera polémica sostenida con Julio Cortázar entre 1967-1969.[13]

Desde un posicionamiento teórico, el trabajo de Churata cuestionó el humano-centrismo en cuanto opción civilizatoria a partir de una objeción general a toda forma de centrismo cultural, sea éste Lima-centrismo, Cusco-centrismo, euro-centrismo, quechua-centrismo, mestizo-centrismo, etc., por considerarlos resabios coloniales que impedían la demanda mariateguiana de peruanizar al Perú. El primer desafío que planteaba un pensamiento descentralizado era admitir que el Perú no se agotaba en la dicotomía costa/sierra, ni los Andes en el Cusco. Había que pensar en la "selva", en la afroperuanidad y en la cultura aymara que, por estar directamente vinculada al proceso cultural puneño, recibió la mayor atención. La impresionante antigüedad prehispánica que se alzaba a orillas del lago Titikaka y que tenía en Tiahuanacu su más lograda expresión, se convirtió así en centro de investigación, sugiriendo que en el Perú tan importante como el Cusco y Machu Picchu eran Puno, Tiahuanacu y el lago Titikaka. El gran problema de todo esto era que la geopolítica republicana había dictaminado que Tiahuanacu era Bolivia, y el indigenismo peruano había convertido a la antigüedad quechua en el único referente prehispánico relevante.

Privilegiando el ámbito de los territorios culturales por encima de los diseños coloniales y republicanos (y en este sentido rescatando la geopolítica andinista de More), Churata se lanzó al estudio de la antigüedad aymara. Atento al documento colonial que dio las primeras noticias escritas de Tiahuanacu, el capítulo CV de *La Crónica del Perú* de Cieza de León (1984), y a los hallazgos de la naciente arqueología boliviana de principios de siglo XX, entendió que las visiones más integrales del altiplano se concentraban alrededor del lago Titikaka.[14] Más aún, Tiahuanacu se proponía como punto-eje de todas las culturas andinas, y en su formación más antigua había sido un asentamiento cultural regido por mujeres uru-chipaya expertas en la economía del ayllu. A través del tiempo, los uru-chipaya se habían auto-percibido como una cultura femenina del agua (por su condición lacustre y su identificación con la luna y las sirenas del Titikaka) y habían hecho del puma uno de sus principales animales totémicos.

En base a esta investigación del pasado uru-chipaya Churata ensayó una lectura inédita del incario, sustentada en la idea de que al sobrevenir el régimen de los hijos del sol se hundió el orden matriarcal-lunar y surgió el patriarcal, pero no en el sentido "severo y crudo que se producía en Europa", sino como "el gobierno del binomio humano" (1966, p. 63), simbolizado en

Figura 4.2. Portada de la primera edición de *El pez de oro* (1957). Diseño: Carlos Salazar Mostajo. Grabado: Timotheo Aliaga.

la imagen de Manco Cápac y Mama Ocllo emergiendo del lago Titikaka. El Tahuantinsuyu, por tanto, era impensable sin la intervención de Tiahuanacu y del Cusco; y Puno, centro del Collasuyo, se revelaba como "heredero indiscutible de la cultura matriarcal del Tiahuanacu" (Churata, 1966, pp. 62-63).

En términos estéticos, esto significaba que las figuras que primero estimularon la imaginación de los creadores andinos fueron las del pez, la sirena y el puma, criaturas totémicas del lago y sus alrededores. Lo sorprendente de todo esto es que mucho antes de haber "descubierto" estas intimidades culturales, siendo todavía un niño de escuela primaria, Churata se había propuesto la escritura de un libro que titularía *El pez de oro,* y que contaría la historia andina desde una perspectiva Titikaka. Ese libro, que recién se publicó en La Paz el año 1957 con el hermoso título de *El pez de oro. Retablos del Laykhakuy,* es hasta hoy día considerado uno de los textos más oscuros y difíciles de la literatura peruana, en parte por lo desorientador que resulta un abordaje a la temática andina desde la marginalidad aymara. A esto hay que añadir el desinterés que tuvo Churata para domesticar sus provocaciones. La portada de la primera edición de *El pez de oro,* por ejemplo, tuvo que haber dejado perplejos a sus lectores (Figura 4.2). Y sin embargo, una vez comprendido el proceso cultural que estas imágenes buscan expresar, su lectura deja de ser perturbadora.

Lo que a primera vista se ofrece como un conjunto desorientador, carente de genealogía reconocible y ciertamente alejado de la parafernalia andino-cusqueña de llamas, vicuñas, montañas y cóndores, puede ahora leerse casi sin dificultad. Con excepción de la desconcertante criatura central, reconocemos la concurrencia de los animales y criaturas del lago Titikaka, filtrados ya por la dramática del libro: el pez de oro (siluro o "pez gato"), el puma de oro (su padre), y una gran cantidad de peces (incluida una sirena) conformando una escena lacustre. Estamos en las profundidades del Titikaka, y en sus aguas quedan inscritos el nombre del autor, el título y subtítulo del libro, y en el extremo inferior la editorial que lo publica. Ocupando sitio de centralidad, enorme y concluyente, se alza uno de los engendros estéticos más desafiantes del libro: Thumos, "el perro que fue hombre", el "hombre que se humanizó en la bestia" y con ese gesto bárbaro inscribió la voluntad de conocer una experiencia civilizatoria distinta a la occidental-moderna. En uno de los últimos capítulos del libro, justamente titulado Thumos, leemos:

> Thumos me introdujo al respeto de la bestia; y nó porque en él identificara el alma platónica del animal, sino porque en él descubrí una humanidad libre de las deshumanidades del hombre. (2012, p. 736)

Platón, por quien Churata no tiene ningún respeto, había llamado *Thumos* a la energía vital del varón humano (algo así como su "alma") y en algunos de los diálogos de la *República* la había representado como un hermoso corcel blanco que galopa en las alturas. El Thumos churatiano no podía ser más rupturante. Es una bestia lacustre más aferrada al suelo que a las alturas, y posee una humanidad que asusta porque está "libre de las deshumanidades del hombre". Semejante singularidad lo desvincula ciertamente de un sentido clásico de belleza, pero a cambio lo enviste de una extraña y horrible hermosura que abisma "eso de que [la bestia] no tenía alma, o que no era alma la suya, sino babilla de la materia en función" (2012, p. 321). Pero además de una tajante crítica a la teoría platónica del alma, el Thumos churatiano expresa también una crítica a uno de los acontecimientos más desestabilizadores de la modernidad: esa nueva forma de religión que fue el humanismo, que además de arrinconar formas "primitivas" de conocimiento, declaró la muerte de los dioses para poder ocupar su lugar y ejercer su poder. Escribiendo desde una estética andina, Churata concluye que "no es lo humano lo que engrandece al hombre, sino lo contrario: es el hombre quien empequeñece al hombre" (2012, p. 738). Y refuerza la tesis recordándonos que para los criollos y mestizos peruanos

> la Historia Americana comienza […] con el descuartizamiento de Tupac Amaru; y todo lo que detrás del último Inka queda, nebulosidad y prehistoria. ¿Y qué pasa? Pasa lo que está a la vista: un continente sin historia [o que desemboca] en una Historia que no es nuestra Historia […]. Es que la Historia comienza con el descubrimiento de la escritura, y la escritura del kipu se hizo rastra en el escombro a que fue reducido el Tawantinsuyu; por lo que la *cultura* del Inka no puede ser considerada entre las manifestaciones históricas de los grupos humanos; pero sí la *destrucción* de su cultura. (2012, pp. 307-308, énfasis propio)

Al humano-centrismo que había originado una escala de valores que liquidaba a la bestia bárbara, Churata responde con una beligerancia estética que re-posiciona a la bestia y dignifica su horrible hermosura. Quedaba así formulada esa beligerancia estética que el andinismo quiso ser (y todavía quiere ser) cuando se desentiende de ingenuidades indigenistas, cuando sabe evitar la cooptación política interesada, y cuando no se deja atrapar en el saco de la especulación filosófica.

Notas

1   Correspondencia pertinente a este ensayo debe dirigirse a la autora: elm15@pitt.edu.
2   Un estudio detenido de esta vanguardia puede verse en *La vanguardia plebeya del Titikaka. Gamaliel Churata y otras beligerancias estéticas en los Andes* (Monasterios, 2015a). En el primer capítulo de este libro se discute el contexto histórico y cultural del que surgió el vanguardismo del Titikaka y la voluntad de que así se llamara: TITIKAKA y no TITICACA, en gesto rebelde por otorgarle sonoridad aymara al castellano. En otro artículo de reciente publicación, "Unexpected [And Perhaps Unwanted] Revisionisms: la Contramarcha Vanguardista de Gamaliel Churata y Arturo Borda" (2015b), he vinculado el estudio de esta vanguardia con la producción artístico-literaria de Arturo Borda y el contexto de producción de una "literatura nacional" en el Perú y en Bolivia.
3   Todas las citas de *El pez de oro* están tomadas de la edición Cátedra.
4   Para una historia de los levantamientos indígenas de Puno consultar los trabajos de Kapsoli (1977), Macera (1988), Mayer (1917/1978), Ramos Zambrano (1990), Rengifo (1990), Rénique (2004) y Tamayo Herrera (1982), consignados en las referencias.
5   Según información proporcionada por José Luis Velásquez Garambel (2009), este relato fue encontrado por René Calsín Anco en el diario *El Siglo* que dirigía Carlos Belisario Oquendo Álvarez, padre del poeta Carlos Oquendo de Amat.

Informa también que en 1988 lo dio a conocer en el primer tomo de *Beso de lluvia* (2008) y que el original está perdido (2009).

6   En esa obra participó un joven de nombre Ezequiel Urviola, que con el tiempo se convirtió en portavoz de las luchas indígenas contra el gamonalismo y en "la más fuerte sorpresa que el Perú le reservó a Mariátegui a su regreso de Europa" (Mariátegui, 1927/1975a).

7   Perpetrada en 1917, esta masacre se inscribe dentro del ciclo de violencia desatado en Puno a raíz de la expansión del latifundio a costo del despojo directo de tierras comunales. En esta ocasión, el sub-prefecto de Huancané y algunos gamonales habían asesinado a dieciséis indios y herido a más de 27 en intentos por apropiarse de sus tierras y ganados (Giraldo & Franch, 1979, p. 181; Álvarez Calderón, 2009, p. 98). En Puno, los periódicos que difundieron los hechos fueron *La Voz del Obrero* y *El Siglo*, y en ambos escribía Churata, por lo que es posible concluir que era él quien difundía las noticias.

8   El texto de esta conferencia ofrecida el 29 de octubre de 1966 fue conservado en cinta magnetofónica hasta que Godofredo Morote Gamboa la editó y publicó en 1989, cuando Churata ya había fallecido. Seguramente a esta circunstancia obedece la opción de escribir Orcopata con "c" y no con "k", que sería la ortografía utilizada por Churata.

9   Sobre el indigenismo de Arguedas revisar los trabajos de Rosario Rodríguez Márquez (2002) y Elizabeth Monasterios (2012).

10 El artículo apareció en *La vie latine* (París, febrero 1925) y meses después fue reproducido en *El Norte* (Trujillo, abril 1925). El lector contemporáneo lo puede consultar en el primer tomo de *Artículos y crónicas completas* (2002, pp. 79-81).

11 Federico Bolaños fue una presencia importante en el proceso cultural peruano de fines del siglo XIX y principios del XX. Junto a Magda Portal fundó, en 1924, una revista hoy día reconocida como la primera revista limeña de envergadura vanguardista: *Flechas. Revista Quincenal de Letras*. *Flechas* llegó a publicar seis números antes de desintegrarse debido, probablemente, a la separación de los fundadores y al matrimonio de Portal con Serafín del Mar (pseudónimo de Reynaldo Bolaños, hermano menor de Federico Bolaños).

12 Los dos primeros habían sido forjados por José Vasconcelos en *La raza cósmica* (1925) e *Indología* (1926). El tercero había sido propuesto por Pedro Henríquez Ureña en 1906 y teorizado en el Perú por Uriel García como "neoindianismo".

13 Una discusión actualizada de esta polémica puede verse en el trabajo de González Alvarado (2015) citado en la bibliografía.

14 Es importante observar que en sus inicios esta arqueología estuvo vinculada a la comunidad científica internacional que nucleaba el Congreso Internacional de Americanistas, creado en 1875 por iniciativa de la Societé Américaine de France, con el objetivo de estudiar el pasado prehispánico. En Bolivia, el embajador de esta iniciativa fue Arturo Posnansky, que en la década del veinte fundó el Museo Arqueológico de Tiahuanacu y una productora cinematográfica (Condor Mayku) cuyos documentales fortalecieron el espíritu indigenista que un sector de la elite cultural y política boliviana empezaba a cultivar y que culminaría en la Revolución nacionalista de 1952. Sobre el desarrollo de la intervención de Pos-

nansky en la Bolivia de mediados de siglo XX, consultar mi artículo "¿Vínculos transatlánticos o transfusión de occidente? La condición transatlántica pensada desde categorías conceptuales andinas" (Monasterios, 2011) y el capítulo V de *La vanguardia plebeya del Titikaka* (Monasterios, 2015a).

Referencias

Álvarez Calderón, A. (2009). *Pilgrimages through mountains, deserts and oceans: The quest for indigenous citizenship (Puno 1900-1930)*. (Tesis de doctorado). Stony Brook, NY: SUNY Stony Brook. Recuperado de: http://dspace.sunyconnect.suny.edu/bitstream/handle/1951/52322/000000808.sbu.pdf?sequence=1&isAllowed=y.

Arguedas, A. (1918). Prólogo. En F. More, *Deberes de Chile, Perú y Bolivia ante el problema del Pacífico* (pp. 1-12). La Paz: González y Medina Editores.

Boletín Titikaka. (2004). Edición facsimilar dirigida por Dante Callo Cuno. 2 vols. Arequipa: Universidad Nacional de San Agustín. (Obra original publicada en 1926-1928)

Catacora, Telésforo. (2008). Ayes del indio. En J. L. Velásquez Garambel, *Beso de lluvia (Literatura puneña)*. Tomo 1. Puno: CARE-Perú. (Obra original publicada en 1902). Recuperado de: http://lasmillenguasdeldiablo.blogspot.com/2009/09/ayesdel-indio_24.html.

Cieza de León, P. (1984). *La crónica del Perú*. M. Ballesteros (Ed.). Madrid: Historia 16.

Cornejo Polar, A. (1989). *La formación de la tradición literaria en el Perú*. Lima: Centro de Estudios y Publicaciones.

Churata, G. (1926). Carta a Mariátegui fechada el 27 de noviembre, 1926. *Correspondencia*. Tomo I. 193-194.

Churata, G. (1957). *El pez de oro. Retablos de Laykhakuy*. La Paz-Cochabamba: Editorial Canata. Talleres de la SIPC.

Churata, G. (1984). Carta a Mariátegui. *José Carlos Mariátegui. Correspondencia (1915-1930)*. Vol. 1. Introducción, compilación y notas de A. Melis (pp. 193-194). Lima: Biblioteca Amauta. (Obra original publicada en1926)

Churata, G. (1987). *El pez de oro*. Lima: CORDEPUNO.

Churata, G. (1989). Conferencia. En *Motivaciones del escritor. Arguedas, Alegría, Izquierdo Ríos, Churata* (pp. 59-67). Lima: Universidad Nacional Federico Villarreal. (Obra original publicada en1966)

Churata, G. (2012). *El pez de oro*. Madrid: Cátedra.

García, U. (1927a, noviembre). El neoindianismo I. *Boletín Titikaka*, 4.
García, U. (1927b, diciembre). El neoindianismo II. *Boletín Titikaka*, 2.
García, U. (1928, febrero). El neoindianismo III. *Boletín Titikaka*, 2.
García, U. (1973). *El nuevo indio*. Lima: Editorial Universo S.A. (Obra original publicada en 1930)
Giraldo, M. & Franch, A. L. (1979). *Hacienda y gamonalismo: Azángaro, 1850-1920*. (Tesis de post-grado en ciencias sociales). Lima: Pontificia Universidad Católica del Perú.
González Alvarado, O. (2015). La quena y la filarmónica. La polémica entre José María Arguedas y Julio Cortázar. *Pacarina del Sur, 23*. Recuperado de: http://www.pacarinadelsur.com/home/huellas-y-voces/1136-la-quena-y-la-filarmonica-la-polemica-entre-jose-maria-arguedas-y-julio-cortazar.
Henríquez Ureña, P. (1906, Marzo 21). El nuevo indígena. *El Dictamen*, p. 3.
Kapsoli, W. et al. (1977). *Los movimientos campesinos en el Perú, 1879-1965*. Lima: Delva Editores.
Macera, P. et al. (1988). *Rebelión india*. Lima: Ediciones Rikchay Peru.
Mariátegui, J. C. (1975a). Prólogo. En L. E. Valcárcel, *Tempestad en los Andes* (pp. 9-15). 2ª edición. Lima: Editorial Universo. (Obra original publicada en 1927)
Mariátegui, J. C. (1975b). *Siete ensayos de interpretación de la realidad peruana*. La Habana: Casa de las Américas. (Obra original publicada en 1928)
Mariátegui, J. C. (1984). *Correspondencia (1915-1930)*. Introducción, compilación y notas de A. Melis. 2 tomos. Lima: Empresa Editora Amauta S.A.
Mayer, D. (1978). La historia de las sublevaciones indígenas en Puno. *El Deber Pro-indígena* (septiembre de 1917), *4*(48) y (octubre de 1917), *4*(49). En W. Reátegui Chávez (Ed.), *Documentos para la historia del campesinado peruano. Siglo XX* (pp. 285-300). Lima: Universidad Nacional Mayor de San Marcos, Departamento Académico de Ciencias Histórico-Sociales, Ediciones Kallpa.
Monasterios, E. (2011). ¿Vínculos transatlánticos o transfusión de occidente? La condición transatlántica pensada desde categorías conceptuales andinas. En I. Rodríguez & J. Martínez (Eds.), *Estudios transatlánticos postcoloniales* (pp. 124-152). Tomo II. México: Anthropos.
Monasterios, E. (2012). La vanguardia plebeya del Titikaka. *La Mariposa Mundial. Revista de Literatura, 19*(20), 39-49.

Monasterios, E. (2015a). *La vanguardia plebeya del Titikaka. Gamaliel Churata y otras beligerancias estéticas en los Andes.* La Paz: IFEA / Plural Editores.

Monasterios, E. (2015b). Unexpected (and perhaps unwanted) revisionisms: La contramarcha vanguardista de Gamaliel Churata y Arturo Borda. *MLN, 130*(2), 316-339.

Monasterios, E. & Rodríguez Márquez, E. (2012). Introducción. En A. Arguedas, *Raza de bronce.* Colección las 15 novelas fundacionales de la literatura boliviana. Vol. 4. (pp. 17-33). La Paz: Ministerio de Culturas, Universidad Mayor de San Andrés y Plural Editores.

More, F. (1918). *Deberes de Chile, Perú y Bolivia ante el problema del Pacífico.* La Paz: González y Medina editores.

Peralta, A. (1926). *Ande.* Puno: Editorial Titikaka.

Platón. (1988). *Diálogos IV. República.* (C. Eggers Lan,Trans.). Madrid: Editorial Gredos.

Ramos Zambrano, A. (1990). *Tormenta altiplánica. Rebeliones indígenas de la provincia de Lampa-Puno. 1920-1924.* Lima: Gráfica Espinal.

Rengifo, A. (1990). *Exportación de lanas y movimientos campesinos en Puno 1895-1925.* (Tesis de Licenciatura). Lima, Universidad Mayor Nacional Mayor de San Marcos. Recuperado de: http://casadelcorregidor.pe/descarga/Rengifo-B_Tesis-Puno.pdf.

Rénique, J. L. (2004). *La batalla por Puno. Conflicto agrario y nación en los Andes peruanos, 1866-1995.* Lima: IEP/SUR/CEPES.

Rodríguez Márquez, R. & Monasterios, E. (2002). Indiscreciones de un narrador: Raza de bronce. En A. M. Paz Soldán (Ed.), *Hacia una historia Crítica de la literatura en Bolivia.* Tomo II (pp. 106-18). La Paz: PIEB.

Tamayo Herrera, J. (1982). *Historia social e indigenismo en el Altiplano.* Lima: Ediciones Treintaitrés

Vallejo, C. (2002). Los escritores jóvenes del Perú. En *Artículos y crónicas completos.* Vol. 1 (pp. 79-81). Lima: Pontificia Universidad Católica del Perú. (Obra original publicada en 1925)

Vasconcelos, J. (1926). *Indología. Una interpretación de la cultura iberoamericana.* Barcelona: Agencia Mundial de Librería.

Vasconcelos, J. (1966). *La raza cósmica. Misión de la raza iberoamericana.* México: Espasa Calpe Mexicana. (Obra original publicada en 1925)

Velásquez Garambel, J. L. (2008). *Beso de Lluvia (Literatura Puneña).* 2 tomos. Puno: CARE-Perú.

Velásquez Garambel, J. L. (2009). *Telésforo Catacora, Ayes del indio*. Presentación. Recuperado de: http:// lasmillenguasdeldiablo.blogspot.com/2009/09/ayes-del-indio_24. html.

Interrogating Indigeneity: A Comparative Perspective on Social Change in the Andes and United States[1]

Hannah Burdette
California State University, Chico

Abstract

This paper considers the changing and conflicting conceptions of indigeneity that become evident as Andeans and other Latin American immigrants come into contact with Native American populations in the United States. A recent essay by Ecuadorian-American activist Santy Quinde Barrera Baidal titled "Don't Be Fooled: Latino = Indigenous" provides a useful framework for considering (mis)encounters between these two groups and an incipient process of re-indigenization taking place. Using this context as a starting point, I highlight the different histories of colonization and resulting racial politics in both regions—with an emphasis on tribal citizenship in the United States and the ideology of mestizaje in Latin America—in an effort to render these legacies mutually intelligible. To this end, I propose interrogating the construct of indigeneity with the ultimate goal of expanding and complicating it as a decolonial move. Engaging race and ethnicity as fluid, overlapping concepts, my analysis posits indigeneity as a historical and political construct that differs throughout the Americas but that nonetheless has concrete implications for the exercise of sovereignty in specific Native American communities.

Keywords: Indigeneity, mestizaje, transnational migration.

Resumen

Este trabajo considera las concepciones fluctuantes y contradictorias de lo indígena que se hacen evidentes cuando los andinos y otros migrantes latinoamericanos entran en contacto con las poblaciones nativo-americanas en los Estados Unidos. Un ensayo reciente del activista ecuatoriano-americano Santy Quinde Barrera Baidal titulado "Don't Be Fooled: Latino = Indigenous" [No se deje engañar: latino = indígena] provee un marco teórico útil para considerar los (des)encuentros entre estos dos grupos y un proceso incipiente de re-indigenización. Usando este contexto como punto de partida, el presente ensayo traza las diferentes historias de colonización y las resultantes políticas raciales en las dos regiones—con un énfasis en la ciudadanía tribal en los Estados Unidos y la ideología del mestizaje en América Latina—en un esfuerzo por hacer estos legados mutuamente inteligibles. Con este fin, propongo interrogar la construcción de lo indígena con el objetivo final de expandirla y complicarla como un gesto decolonial. Leyendo la raza y la etnicidad como conceptos fluidos e imbricados, mi análisis plantea "lo indígena" como un constructo histórico y político que difiere a lo largo de las Américas, pero que, sin embargo, tiene implicaciones concretas para el ejercicio de la soberanía en comunidades indígenas específicas.

Palabras clave: lo indígena, mestizaje, migración transnacional.l

> Inside every mestizo there is either one dead Indian, or an Indian waiting to re-emerge.
>
> José Barreiro (Taíno)

In February of 2014 Santy Quinde Barrera Baidal (2014b) (Figure 5.1, page 139), an Ecuadorian-American Guancavilca[2] activist based in New York, published an essay on his blog arguing that Latin Americans of indigenous origin living in the United States should drop the "Latino" label and reclaim their Native American heritage. Specifically, he urged more people like himself to identify as American Indian on the U.S. census in order to raise awareness of indigenous presence and garner a critical mass of people who wear the badge of "Indian" with pride. For Barrera Baidal, Latin America on the whole is more indigenous than most people

Figure 5.1. Santy Quinde Barrera Baidal. Photo from YouTube. Source: https://www.youtube.com/channel/UCBTV1DOxJwkk5ZTvrOX_zCA.

realize or care to admit; a public shift in the conception of how American Indian and Latino identities intersect would thus carry a strong decolonizing potential. Namely, emphasizing the process through which colonialist and nationalist discourses have attempted to erase indigenous ways of life through cultural integration opens a space for the recuperation of alternative histories and trans-indigenous alliances.[3] Within a matter of days, the essay had over 30,000 hits (Angamarca, 2014), and soon after, *Indian Country Today* published an abbreviated version titled "Don't Be Fooled: Latino = Indigenous," drawing even more attention to the issue and eliciting widespread discussion over the relationship between these two groups.

In some ways, Barrera Baidal's proposal is deliberately provocative, as it challenges people to question deeply ingrained assumptions about indigeneity, national borders, and ethnic labels. What, for instance, is the relationship between indigeneity and territory, and what changes when indigenous people emigrate from their native communities and ancestral homelands? Furthermore, are the terms "Native American" and "Indigenous" synonymous in the Western Hemisphere? And should we understand them primarily in terms of race (biology and phenotype), ethnicity (culture and shared ancestry), nationality (political sovereignty and territory), or some combination of the above? Finally, what kinds of racist, cultural, and political assumptions become evident when we place disparate conceptions of these terms in contact with one another? These questions suggest that the endeavor to re-indigenize Latino identity runs up against significant political barriers, including racist beliefs in Latin America about what it means to be an "Indian" as well as defensive reactions among federally recognized Native Americans in the United States. Claiming a Native American identity on the U.S. census constitutes a form of political posturing that, even when invoked as a form of strategic essentialism, runs the risk of minimizing differences between markedly distinct groups already lumped together and homogenized as "Indians" rather than Muscogee, Navajo, K'iche', or Kichwa. However, it also poses the possibility of redefining cultural categories and opening them up to create new political alliances and transnational networks. In particular, it challenges the assumption that only indigenous peoples from the United States of America are Native *American*.[4]

It is not surprising, therefore, that Barrera Baidal's essay should elicit two very different kinds of responses among his readers: some identified with his attempt to reinscribe indigeneity within a transnational context, while others interpreted his position as a form of cultural appropriation in yet another instance of Indian "wannabes" infringing upon the sovereignty of federally recognized tribes.[5] David Cornsilk, a Cherokee lawyer and genealogist from Oklahoma, shared the article on social media and expressed concern over the risk of cooptation by a rapidly burgeoning Hispanic population with a very different relationship to the U.S. government than sovereign tribes like the Cherokee Nation. Mexicans and Guatemalans with Mayan ancestry are indigenous to Mexico and Guatemala, he claimed; they are no longer indigenous once they leave their homeland and come to the United States (personal communication, February 27, 2014). When Barrera Baidal participated in a Native Calling radio show on indigenous Latinos and Native America, a listener there expressed a similar sentiment: "Why would a[n] AMERICAN INDIAN TRIBE consider opening up their sovereign borders to lands that were fought for by our ancestors? Let the peoples of Latin American [sic] establish their own land base in their own countries. We are and always will be the original inhabitants of this land that we fought for!!" (Robert, 2014). Still more readers objected that Barrera Baidal and others like him have set out to claim something that is not rightly theirs. Regardless of any cultural similarities, they argued, the political terrain in the United States is distinct, and Indians from Central and South America should fight their own battles rather than affiliate themselves with a community that they seem to know little about. While such readers expressed apprehension towards what they perceived as an act of cultural appropriation, their primary concern was to protect the historically contingent and geographically specific political claims behind the census category of Native American in the United States.

At heart, then, these reactions had less to do with Latinos' claim to cultural or ethnic solidarity with U.S. indigenous nations than with the political claim-staking involved in Native American identity. However, the defensive and territorialist nature of such postures also places clear limits on the possibilities for such solidarity. Although these comments represent just a small sample of the countless responses to Barrera Baidal's proposition, they also illustrate a significant potential impasse between indigenous immigrants from Latin America and Native Americans of the United States, based on two distinct histories of colonialism. For federally recognized tribes in the U.S., immigrants may not understand the history (and the ongoing struggle) behind their sovereign[6] status; for indigenous communities in/from Latin America, their northern counterparts may fail to recognize the historical and political implications of mestizaje as a strategy of colonization and the continual disenfranchisement that it often entails.[7]

Barrera Baidal's struggle to articulate an Andean identity in New York City thus sets the stage for a critical reinterpretation of *lo andino* from a transnational perspective. As Jorge Coronado illustrates in his contribution to this volume, *lo andino* has often served as a stand-in for *lo indígena* in the mountainous regions of South America; though hardly synonymous, the two terms often serve a similar semantic function. Over time, *lo andino* has accrued a complex web of meanings, simultaneously denoting both place and culture that transcend dominant geopolitical frameworks, particularly those predicated on the existence of coherent and discrete nation-states. This approach suggests that *lo andino* was always already transnational and highlights fertile ground for examining its articulations and permutations within the context of globalization. I propose, therefore, that reading indigeneity through a transnational lens might help to shed light on current social issues and academic debates within the Andean region.

As various scholars argue in *Comparative Indigeneities of the Américas: Toward a Hemispheric Approach* (2012), the sharp increase in migration from South and Central America to the United States in recent decades suggests the utility—and even the increasing urgency—of exploring the shifting and conflicting conceptions of indigeneity within a transnational framework of historical analysis. According to the editors of that volume, such a perspective can also illuminate the emergent political subjectivities produced by Latin

American immigration to the United States and "how these new spatial relationships challenge nationalized notions of indigeneity" (Gutiérrez Nájera, Castellanos, & Aldama, 2012, p. 9). Likewise, the contributors to *Orientaciones transandinas para los estudios andinos* (Schürmann & Bosshard, 2015) advance a theoretical framework predicated on a trans-areal, trans-Andean approach, building on previous scholarship by Ottmar Ette, Julio Noriega, Juan Ulises Zevallos-Aguilar, and others. The result of numerous gatherings and collaborative endeavors, this volume clearly demonstrates the importance of understanding the Andean region in a broader context shaped by the increase in emigration during recent decades. In places such as the Andes where indigeneity is both a constitutive part of national identity and a purportedly atavistic characteristic doomed to extinction, a comparative approach can indeed be fruitful in reframing critical approaches to the region, especially in light of changes in official state policy towards indigenous peoples in recent years.[8] Although various scholars have explored the (gender neutral) Chicanx indigenism's endeavor to decolonize mestizaje in regards to the United States and Mexico, the effects of transnational migration on Andean countries have received somewhat less critical attention, particularly in terms of the shifting identities and political affiliations of indigenous migrants.[9]

Within this context, Barrera Baidal's proposal for re-indigenization usefully illustrates the challenges in delinking popular history and identity politics from the "colonial matrix of power" (Mignolo, 2011, p. xxvii) and effecting decolonial change in both the Andes and the United States.[10] His essay and the ensuing debate among its readers bring to light numerous questions regarding the relationship between indigeneity, national identity, and the resonance and dissonance between different histories of colonialism. For instance: What is at stake in competing definitions of indigeneity throughout the Americas? How can we square the territorial dimensions of this concept with the long history of migration, displacement, and removal, and what might it mean to speak of indigenous diaspora? Moreover, what might the call to (re)indigenize U.S. Latino or Andean identities entail, and how would that process look different in each of the two regions? Finally, does such a process benefit specific tribes and their claims to sovereignty, or does it constitute yet another form of cultural appropriation? In the words of Cotera & Saldaña-Portillo (2015), "To what extent does the excavation of these indigenous connections contribute to or undermine the struggles for sovereignty, self-determination, and land of recognized tribal entities?" (p. 553).

These questions strike deep at the heart of regionalism and colonial boundaries, and I cannot hope to offer a definitive answer within the confines of this essay. I do suggest, however, that by teasing out some of their implications, we can begin to unravel the tangled histories of colonialism in the United States and Latin America and better understand their contemporary influence on our increasingly globalized society. Accordingly, a comparative analysis can help to render these histories more mutually intelligible and, in so doing, cultivate a more productive terrain for intercultural dialogue and social change. Rather than attempting to pin down a universal definition of indigeneity or explode the category altogether, I echo Maximilian Forte in proposing a shift in emphasis from being to becoming: from indigeneity to (re)indigenization. As Forte points out, the question of "Who is an Indian?" is a fundamentally bad one—one that often devolves into "Who is a *real* Indian?" As such, it evokes an ideal construct of authenticity that does not exist (and arguably never did) and implies that "the nearly divine intercession of some higher authority must be needed to put the debate to rest" (2013, pp. 6-7). Focusing instead on transformation and becoming would therefore allow us to perceive indigeneity not as a fixed, ahistorical state of being but as a contingent process simultaneously struck through with local particularities and imbued with the imminent threat of transformative social change. In order to do so, however, we must begin to unpack the historical and cultural differences that inform the (mis)encounters between indigenous communities throughout the hemisphere.

New Indians, Old Debates

For better or for worse, claims to indigenous identity have increased dramatically in recent years, as multicultural state policies open up new spaces for recognition and acceptance. On an international scale, bodies such as the UN Permanent Forum on Indigenous Peoples and social movements such as the Zapatista uprising have garnered unprecedented support for indigenous land rights, autonomy, and cultural sovereignty. In the United States in particular, this development has resulted in a contentious shift in self-identification, as more and more people reclaim a Native American identity of which they were previously either ashamed or unaware. Within this context, the question of who "qualifies" as indigenous becomes ever more pressing. Are these claims merely superficial in nature? Do they reflect an empty multicultural politics that offers lip service to diversity while effectively whitening and further diluting indigeneity? Or does this phenomenon suggest the beginnings of a broader change in society and an incipient shift in the very conception of racial and ethnic identities as such?

These questions undoubtedly color the reception of Barrera Baidal's essay and can help to explain why some readers might approach his perspective with suspicion. Census data indicates that the Native American population in the U.S. has grown over the past sixty-five years at an exponential rate unexplainable by natural processes alone: from 1960 to 2000 it increased by a staggering 349%, and this number almost doubles to 647% if we include those who identified as both Native American and another race (Sturm, 2001). In *Becoming Indian: The Struggle Over Cherokee Identity in the Twenty-First Century*, Circe Sturm (2011) explains that this apparent population surge is primarily due to what she calls race shifters,[11] or "individuals who have changed their racial self-identification on the U.S. census from non-Indian to Indian" (p. 5). Accompanying this change in demographics is the emergence of new tribes seeking official recognition; beyond the three federally recognized Cherokee tribes, Sturm (2011) pinpoints an additional 250 self-identified entities throughout the country that use the Cherokee name, fifteen of which have gained state recognition. Perhaps understandably, many members of the Cherokee Nation of Oklahoma and the Eastern Band of Cherokee Indians in North Carolina have greeted this development with some skepticism, questioning the motives these groups might have for suddenly claiming a heritage that they may previously have known little about.[12]

The looming question, then, is what explains this unprecedented desire to publically identify as Indian and what motivates such a change. As Sturm (2011) puts it, "why would such a large number of individuals want to move out of whiteness into Indianness, given that whiteness has long been a privileged racial position within the social structure of this country?" (p. 10). For this author, the particular emphasis on claims to Cherokee heritage over other tribal affiliations reflects the general perception that Cherokees are somehow "whiter" than other groups—largely owing to their relative willingness to intermarry with and adopt cultural elements of the white population throughout history. In other words, the claim to Cherokee heritage reinforces white hegemonic discourse by positioning Indians as hierarchically superior to blacks (even if both parties are actually mixed-race). In the U.S. South, the claim to have a "Cherokee princess" in the family tree is so common as to suggest a racist motivation: it may be more socially acceptable to profess a lineage of Cherokee "royalty"—regardless of the fact that no such thing ever existed—than to admit to having African ancestry (Forte, 2013). Moreover, new claimants to indigeneity often have limited knowledge of the Indian nations they identify with, leading many tribal citizens to interpret neotribalism as a largely individualistic, superficial search for authenticity that does nothing to redress real historical injustices and socioeconomic inequalities. The concern is that race shifters represent yet another instance of whites in "red face" who, whether they mean to or not, threaten to undermine hard-fought political gains in the Native American community.

Meanwhile, when new claimants do go to great lengths to research and assume a Native ethnicity, such endeavors are often perceived as deceptive, calculated, and even pernicious toward established Indian communities. In some cases, indigenous identity may lend an increased air of authenticity and credibility to a public persona; the list of individuals accused of ethnic fraud—a very serious cultural offense in Indian Country—include Native American studies scholars Ward Churchill and Andrea Smith, novelist Jamake Highwater, and U.S. senator Elizabeth Warren. The most recent controversy—following on the heels of the Rachel Dolezal scandal in 2015[13]—concerns the appointment of Susan Taffe Reed as director of the Native American Studies Program at Dartmouth University. The cause for public outrage derived from her position as president of a "fake" tribe whose authenticity is under dispute (Eastern Delaware Nations, Inc.) and the fact that, according to genealogical records, Taffe Reed's ancestors were Irish, not Delaware (Keeler, 2015; Jaschik, 2015). In response to countless letters of protest, the University eventually announced that Taffe Reed had been reassigned and would no longer serve as director of the program (ICTMN Staff, 2015). However, the case of her initial appointment clearly heightened anxiety within the Native American community over the question of ethnic fraud. For Dartmouth graduate and Dakota activist Jacqueline Keeler (2015), part of the problem lies in the threat that so-called "pretendians" pose to historically documented tribes still struggling for federal recognition.

High-profile individuals such as Susan Taffe Reed thus raise questions regarding both the motivations for claiming indigeneity and the risk that institutions run in condoning what many perceive as a form of cultural appropriation and a threat to indigenous intellectual sovereignty.[14] Circe Sturm (2011) suggests that there may be other economic incentives for assuming a Native ethnicity as well, particularly that non-Natives might want to capitalize on the recent success of reservation casinos. Nonetheless, she argues that this motive is insufficient to explain the general trend of race shifting, since tribal governments only disburse reservation funds and casino profits to officially registered citizens. The social pitfalls of racism and prejudice also likely outweigh any limited financial benefits of a self-proclaimed indigenous identity (Sturm, 2011).

Yet in another sense, of course, the question of who has the right to claim access to resources or financial assistance on the basis of a Native American identity has far deeper roots than the recent success of casinos and affirmative action practices. In broader terms, the defensiveness that informs popular concern over "wannabes" in Indian Country reflects a long history of disenfranchisement and occupation by whitestream society, often with the implicit sanction or direct imposition of the federal government. In other words, individual cultural appropriation is part and parcel of a much broader process in which the state, too, illegally seized and invaded indigenous lands to obtain resources of economic interest. A corollary to the Trail of Tears—where entire tribes were forcibly removed from their homeland and displaced to less desirable territory—is what activists in the American Indian Movement referred to as the Trail of Broken Treaties: the historical process through which the federal government repeatedly negated and repealed its agreements with sovereign Indian nations. In both cases, economic and political motives provided the incentive for appropriation. It is no wonder, then, that indigenous communities should assume a defensive posture towards those attempting to lay claim to Native American resources.

These factors, as polemical as they may be, can begin to explain why endeavors to recuperate a lost indigenous heritage might have contentious implications in the United States, where domestic dependent nations struggle to maintain their autonomy in the face of a continuing threat of cultural and territorial encroachment. To put it simply, the concerns of sovereign Indian nations are both reasonable and historically founded. At the same time, however, they may also further legitimize a colonial enterprise predicated on categorizing, dividing, and compartmentalizing indigenous peoples. Paradoxically, some of the measures implemented by Native American tribes today to grant or deny tribal citizenship were originally designed to reduce the number of Indians and increase the amount of seizable land. Perhaps the best example of this phenomenon is the concept of blood quantum, or the percentage of a person's ancestors who were full-blooded Indians. Much like the "one-drop rule" that determined who was considered black, blood quantum represents a historically contingent concept that differs fundamentally from the dominant conceptions of race and ethnicity in Latin America.[15]

As a result, it is worth delving briefly into the history of the concept of blood quantum and how it continues to shape the conception of indigeneity in the U.S. First implemented in Virginia in 1705, the logic of blood quantum laws functions opposite to that of the one-drop rule; whereas a single distant ancestor was sufficient to qualify a person as black during the eighteenth and nineteenth centuries, the same amount of Native American blood may have served to "disqualify" that person as indigenous. Maximilian Forte (2013) contends that, in effect, these two models worked in tandem to the benefit of white landholders:

> The "one-drop rule," where it took only "one drop" of African blood for one to be classed as "Black" in the U.S., was designed to expand the number of Africans (who could be owned and enslaved, thus increasing capital), while minimizing the number of Indians if they mixed with Africans (thus increasing the amount of land that could be expropriated by whites, also an increase in capital). (p. 26)

In other words, the fewer the people that could legitimately claim a Native American identity, the fewer that could reap benefits from the treaties signed by the federal government. Both methods of racial categorization thus serve the purposes of expansionist and exploitative endeavors by white landholders. However, for those who could prove a "legitimate" blood quantum, this measure also provided a legal channel for upholding their communal rights. Historically, then, blood quantum represents both a political tool for safeguarding indigenous sovereignty and an imperialist mechanism of control.

A key development in the history of this concept is the Indian Reorganization Act (IRA) of 1934, or so-called "Indian New Deal," which formalized the standard of blood quantum and established the contemporary reservation system as a collection of semi-autonomous entities under the purview of the Bureau of Indian Affairs (BIA) (Thornton, 1987). Significantly, the IRA turned over the reins to Indian nations, asking them to establish their own standards of citizenship (to be approved by the BIA) and laying the groundwork for self-government. The problem, however, was that the IRA, like the Dawes Act of 1887, forced many Native Americans to choose only one tribe, even if they could demonstrate legitimate ties to more than one (Thornton, 1987; Wilkinson, 2005). Although the IRA represented a move away from the intentions of the Dawes Act, which sought to break up communally held Indian land through the process of allotment, both laws instituted the standard of blood quantum as a principal means of measuring indigeneity. The Dawes Rolls, recorded between 1893 and 1907, served as an official register of all members of the "Five Civilized Tribes" eligible for federal allotment of land.[16] Even though many individuals protested inclusion for political reasons, these records now serve as one of the primary means by which current tribes determine citizenship via blood quantum or lineage.[17]

Although citizenship requirements vary from one nation to the next—and often depend on other criteria as well, such as language, residency, and cultural affiliation—many tribes require a Certificate of Degree of Indian Blood issued by the Bureau of Indian Affairs to verify descent from an enrolled Indian or an Indian listed in an official register such as the Dawes Rolls (Russell, 2002).

These measures are important, in many ways, because they mean that not just anyone can claim a Native American identity in an official capacity; as such, standards of citizenship can help to maintain the sovereignty of federally recognized tribes. However, they have also been cause for debate in Indian Country, based on the incomplete nature of historical records and the contentious process of disenrollment. Perhaps the most illustrative example is the case of Cherokee Freedmen, the descendants of African slaves held by the Cherokee in the nineteenth century. Following the abolition of slavery at the end of the Civil War, the Cherokee Nation signed an agreement with the federal government granting citizenship to former slaves. Indeed, many blacks lived their entire lives in Cherokee communities, intermarried with the locals, spoke their language, and adopted their ways of life. In the 1980s, however, the Cherokee Nation's administration revoked the citizenship of some 25,000 members who could not prove direct descent from an ancestor listed on the "Cherokee by Blood" portion of the Dawes Rolls. More recently, in 2007 the Cherokee Nation voted to amend its 1975 constitution to exclude Freedmen from citizenship, a move that was later overturned by the Cherokee Nation Supreme Court in 2011 and is now awaiting review in the U.S. District Court in 2016 (Byrd, 2011; Sturm, 2014). Perhaps not surprisingly, the issue has divided the Cherokee Nation, exposing conflicting conceptions of indigeneity and eliciting accusations of racism against Afro-descendent populations within Native American communities.

Although I cannot do justice here to the complex issue of Cherokee Freedmen and the broader phenomenon of disenrollment, both instances illustrate some of the ways in which colonial laws and statutes continue to govern the parameters of indigeneity in the U.S. More specifically, they illustrate a way in which Native American communities have internalized a colonial mechanism of control. As Cherokee scholar Steve Russell (2011) puts it, "After over 400 years surviving termination attempts, we have begun to terminate ourselves" (para. 5). The case of the Cherokee Freedmen also illustrates the complex intersections between self-identification, tribal citizenship, and federal recognition, as well as the disparate political interests of each of the parties concerned. Any project of re-indigenization must therefore contend with these historical legacies in proposing new conceptions of what it means to be Native American in an increasingly multicultural era. In order to achieve transformative decolonial change, American Indian nations and migrant communities alike face the challenge of working against the coloniality of power rather than merely reaffirming legal rights that are derived from U.S. imperialism.

Mestizaje and the Vanishing Indian

The legacies of colonialism in Central and South America, while equally pervasive, have resulted in a very different conception of indigeneity than in the United States. To begin with, written treaties with Native groups in the Spanish colonies were not common practices. Although the Spanish crown did establish formal alliances with some groups, the British (and later American) tactic of signing legal agreements with Indian tribes as sovereign nations (if only to later violate and revoke those treaties) had no real equivalent in Spanish America.[18] Lacking such a precedent, moreover, indigenous groups in Latin America have not garnered the status of domestic dependent nations or the same construction of sovereignty in relation to the federal government. Moreover, the relationship between European and indigenous populations was very different in the two regions from the very beginning. Whereas Puritans tended to arrive as whole families and remain isolated from local populations, the initial wave of Spanish colonialists brought primarily male conquistadores, explorers, and proprietors, who rapidly procreated with the native women, creating the first generation of mestizos.[19]

In a sense, however, the Spanish had their own version of blood quantum, as evidenced in the preoccupation with *limpieza de sangre*, or blood purity. In particular, the experience of the Reconquista and the precarious position of Catholic Spain as an emerging world power instilled many Spanish nobles with a strong distrust of *conversos* and *moriscos*, or Jewish and Muslim converts to Christianity, and led to an obsessive concern with identifying "pure-blooded" Christians. In the New World, this logic manifested in the baroque and elaborate system of *castas*, which established more than forty designations for different permutations of European, African, and Indian ancestors.[20] This system was both highly structured and porous. While one's caste classification exerted a direct impact on numerous aspects of life in the colonies—from the amount of taxes owed to who one could marry and what kind of job they could have—it also depended just as much on class and phenotype as on lineage and blood, and there are countless cases of individuals buying their way into a higher caste (de la Cadena, 2000; Fisher & O'Hara, 2009). In 1783, King Charles III instituted certificates called *cédulas de gracias al sacar* that people could purchase to cleanse their record of blood impurity and obtain the privileges of whiteness (Twinam, 1999, 2015). It is worth noting that because of this concern with blood purity and nobility, "full-blooded" Indians of royal lineage enjoyed an elevated status over common mestizos during the early colonial period, though they did not formally comprise part of the caste system; *curacas*, or indigenous hereditary leaders, were personally exempted from paying tribute to the crown but were expected to collect taxes from the native communities under their jurisdiction (Pease, 1992). However, as more and more Spaniards and *criollos* (Europeans born in the New World) intermarried with Indian nobles, the mestizo population continued to grow. In general, the more mixed a person was, and the more Indian blood they had in relation to white European ancestors, the lower their status was in society. Yet as time went on, it became increasingly difficult to track lineage—particularly as people married and migrated to urban centers—and race came to be understood more in terms of class, dress, language, and place of residence than biology per se (de la Cadena, 2000; Postero, 2007). As José Antonio Lucero (2013) puts it, "in a region where 'everyone' has Native blood but not everyone is 'Indian,' the social category and social fact of Indianness necessarily rely less on biology or blood than on the intersecting sociocultural workings of politics, place, class, and gender" (p. 194).

In this regard, although elites in both Latin America and the United States expressed a concern with blood purity, the way their fears played out manifested differently in each region. In the U.S., the general approach was one of racial segregation—enabled by both the reservation system and Jim Crow laws in the South—while in Latin America miscegenation represented a means of assimilation and national integration. Yet it was not until the early 1900s that mestizaje began to crystalize as a defining characteristic of Latin American identity and carry a more positive connotation. Whereas previous scientists and philosophers had deemed miscegenation as the main cause of Latin America's inferiority in relation to Europe, intellectuals such as Manuel Gamio and José Vasconcelos in Mexico, Franz Tamayo in Bolivia, and Gilberto Freyre in Brazil set out to establish the superiority of mixed races and cultural hybridity as a source for national unity. These social theorists all refuted the European model of biological determinism that assumed the inferiority of Latin American societies based on racial mixing.

Undoubtedly the most influential example of this approach, Vasconcelos's essay *La raza cósmica* (*The Cosmic Race*, 1925) was nothing short of revolutionary in its interpretation and reimagining of race in Latin America, particularly in a moment when the U.S. was exerting ever greater power in the Western Hemisphere. However, Vasconcelos also laid the groundwork for a greater, more systematic form of ethnocide in the twentieth century, since the development of a "cosmic race" necessarily entailed the elimination of Native peoples through interbreeding and assimilation. "The Indian has no other door to the future but the door of modern culture," he famously declared, "nor any other road but the road already cleared by Latin civilization" (1925/1997, p. 16). If mestizaje was the ultimate objective of human civilization—and Latin American societies were the most advantageously poised to advance that goal—then Indians were nothing more than an anachronism. Although Vasconcelos represents just one position on the broad spectrum of *indigenismo*, Mexican public policy during the twentieth century generally perpetuated this model of integration via assimilation, resulting in what Guillermo Bonfil Batalla (2005) interprets as a form of *desindianización*.[21] In 1948, for instance, the Instituto Nacional Indigenista (National Indigenist Institute, or INI) began developing programs throughout the country to infiltrate closed corporate communities, like those found in Chiapas and Oaxaca, as a systematic approach to ethnic integration. In short, while indigeneity represented a crucial ingredient of Mexican mestizaje, it existed only as a means to an end.

A similar dynamic played out in the Andes, though important differences in demographics and geography resulted in a more polarized terrain. Florencia Mallon (1992) points out that Mexican nationalists tended to associate indigeneity with the country's periphery and cast the center as fundamentally mestizo. Andean countries, by contrast, had large populations of Indians in the central highlands. As a result, she notes, "the political construction of 'Indianness' has been a bipolar one: Indian highlands, white and mestizo coast; white and mestizo cities, Indian countryside. In this context, *mestizaje* separates rather than unites the population: the *misti*, or highland mestizo, is a figure signifying domination" (1992, p. 36). This political dynamic also precipitated the emergence of a third ethnic category as an intermediate position between *indios* and *mestizos*: in Andean countries, a *cholo* is an urbanized or partially assimilated Indian who has shed some of his or her outward signs of indigeneity but remains distinct from the hegemonic mestizo population.[22]

Underlying these gradations of indigeneity is the assumption that Indians are the lowest of the low; as Marisol de la Cadena (2000) has amply documented, the term *indio* is often synonymous with "dirty," "poor," "uneducated," "uncivilized," and "ignorant." By extension, mestizaje signifies the process through which Andean subjects become more educated and civilized (i.e. Westernized), purportedly rising above their abject status as Indian. De la Cadena notes that in Cusco, literate and economically successful people, regardless of race or cultural heritage, refer to themselves proudly as mestizos. She notes that "Far from equating 'indigenous culture' with 'being Indian'—a label that carries a historical stigma of colonized inferiority—they perceive Indianness as a social condition that reflects an individual's failure to achieve educational improvement" (p. 6). As a result, indigenous culture as such exceeds the bounds of Indianness, as it becomes a defining characteristic of a group of Cuzqueño commoners who "are proud of their rural origins and claim indigenous cultural heritage, yet refuse to be labeled Indians" (de la Cadena, 2000, p. 6). De la Cadena's analysis illustrates some of the creative ways in which urban populations are re-envisioning what it means to be indigenous—or to claim an indigenous cultural heritage—yet it also demonstrates the deeply ingrained assumptions about race and class that characterize modern society in the Andes.

During the 1950s and 60s, political changes in the region formalized and exacerbated this logic by explicitly shifting the discourse away from race in favor of class. In Bolivia, the nationalist discourse of the Revolution of 1952 effectively rebaptised *indios* as *campesinos* and subsumed their social plight under the broader mantle of class struggle. Peru witnessed a similar transposition with the implementation of the Agrarian Reform Law of 1964, which symbolically substituted the Día del Indio (Day of the Indian) with a new Día del Campesino (Day of the Peasant). Quechua-American scholar Sandy Grande (2004) argues that this practice of relabeling constitutes a form of rhetorical genocide, noting that "Eventually, indigenous peoples themselves began to reason that it was better to be classified as 'poor' (*campesino*) and hope for a better future than to be viewed as an anachronism (*indio*)—a conquered people earmarked for extinction" (2004, p. ix-x). More recently, public intellectuals such as Fausto Reinaga (1906-1994) and Felipe Quispe Huanca, "El Mallku," (b. 1942) have set out to reclaim the term *indio* with a certain militant pride. Others have emphasized the distinction between *indio* and *indígena*, noting that the two terms have distinct etymologies and therefore different political implications.[23] In either case, the fact remains that after independence and until recent years, there were very few social and economic incentives for claiming indigeneity.[24] On the contrary, such a label often made communities more vulnerable to land theft, exploitation, and racist oppression.

The ideology of mestizaje thus represents, first and foremost, a political discourse that conceals and denigrates indigeneity in favor of a hybridized national identity. In other words, segregation and miscegenation constitute corollary forms of erasure; in both the North and the South, Euro-American elites sought to eliminate "the Indian," though they used different strategies to do so. And yet, as in the North, the Andean region has witnessed a notable resurgence in claims to indigeneity in recent years, particularly in light of social movements and an international climate increasingly amenable to indigenous rights. This phenomenon is at least partly due to the impact of globalization and the influence of neoliberal-style multicultural policies as employed by different nation-states. However, it is also undoubtedly a product of popular mobilization and globalization from below. In Ecuador, powerful new indigenous alliances took the country by surprise in the 1990s, as CONAIE (the Confederation of Indigenous Nationalities of Ecuador) led a series of uprisings in response to neoliberal policies and was able to prevent some state initiatives from privatizing the nation's natural resources. Similarly, Bolivia has witnessed a series of uprisings and popular mobilizations, including the Water and Gas Wars (2000 and 2003), which made possible the election of Evo Morales in 2005 and again in 2009 and 2014. Ecuador and Bolivia both drafted new constitutions (2008 and 2009, respectively) that officially changed their status from republics to plurinational states. Both constitutions included specific provisions guaranteeing the political rights of Native communities (conceived in Bolivia as *pueblos indígenas originarios campesinos*), particularly in regards to development projects in indigenous territory. Peru, too, has seen an uptick in indigenous mobilization, albeit in more limited terms, and in 2011 it passed a bill recognizing indigenous peoples' rights to prior consultation, based on the International Labor Organization (ILO) Convention 169 of 1989.

Perhaps not surprisingly, these changes have elicited often heated debates over the definition of indigeneity, most notably in the interaction between lowland and highland groups. Although the political terrain is noticeably different than in the United States, Latin America, too, has witnessed an increase in communities petitioning official recognition by the state. One illustrative example is the Guancavilca community that Santy Barrera Baidal's family hails from on the Santa Elena Peninsula of Ecuador. It is important to note here that Barrera Baidal's personal process of re-indigenization is twofold: not only must he, as a second-generation Ecuadorian-American in New York City, establish his identity as Native American, but the Guancavilca community itself has had to fight for recognition within Ecuador as well. More commonly known as *cholos comuneros* (partially assimilated Indians who have maintained their ancestral territory), this group has only recently begun to reclaim their connections with the pre-Columbian Manteño-Huancavilca culture, eventually gaining state recognition in 2003. Historian Silvia Álvarez Litben (2001) has demonstrated that adaptation as a form of survival is a strategy consistent with Guancavilca cultural values, which include openness to constant change. In this case, by adopting European dress and the Spanish language during the colonial period, they were able to maintain their territory and therefore continue to persist as a Hispanicized indigenous community (Álvarez Litben, 2001). Moreover, because of their marginal position on the coast, they were less susceptible than highland groups first to conquest by the Incas and later to the *encomienda* system under Spanish rule (Álvarez Litben, 2001). In some ways, then, their relative isolation and apparent adaptation to Spanish colonial society allowed them to survive with relatively little outside intervention and to preserve many autonomous cultural practices. In other words, because they adopted Spanish language and dress and were marginal to colonial mining exploits, they were largely left alone.

As a result of these strategic choices, however, the Guancavilca are less visibly indigenous than more inland groups in Ecuador such as the Tsa'chila, the Kayambi, and the Shuar, who still exhibit their distinctive native dress, particularly for political gatherings and public appearances. Barrera Baidal (2014e) recounts the story of an elder from his community who attended a meeting of CONAICE (Confederation of Nationalities and Indigenous Peoples of the Ecuadorian Coast) and encountered resistance from other Native communities. The Guancavilca chief listened quietly as the leader of each nation addressed the other delegates in his or her native language as part of the opening ceremony. When it was his turn to speak, he bowed his head in shame and addressed the assembly in Spanish, eliciting the scorn of a Chachi leader who questioned his indigeneity (Barrera Baidal, 2014c). The Guancavilca elder humbly suggested that he was more Indian than he might appear, and a Tsa'chila delegate jumped in, censuring the Chachi chief for his duplicity: "Who are you to consider someone else Indigenous when your nation gave up their traditional clothing centuries ago?" (Barrera Baidal, 2014e, para. 5). As this confrontation shows, the question of who is "Indian enough" based on factors such as language, religion, and dress—or, perhaps, who is most apt at performing the expected role of *el indio*—even affect the interactions between indigenous nations within Ecuador's borders. This anecdote also exposes tensions between highland and lowland groups in the Andean region and the relative invisibility of indigenous groups on the Ecuadorian coast; the common assumption is that *indios* in Ecuador are concentrated in the Andean highlands along the central backbone of the country and the Amazonian rainforest to the east.

In reality, there are several standards of indigeneity at play here—including but not limited to dress, language, phenotype, territory, and cultural continuity—and not all groups meet all of these requirements. Barrera Baidal's story of the CONAICE meeting illustrates the ways in which definitions of indigeneity—as determined either by the state or by Native communities themselves—often continue to reflect and reproduce expectations of authenticity. That is, even within indigenous organizations, conceptions of Native culture as timeless and unchanging often persist, and the perception of different groups' ethnic identity depends on varying definitions and political interests. The process of re-indigenization among nations such as the Guancavilca thus has the simultaneous effect of illustrating the historical contingency of different conceptions of indigeneity and of opening them up to new interpretations via a process of critical revitalization.

Resurgence and Decolonization

The question that follows, then, is what happens when indigenous people from Ecuador—and elsewhere in the Andes—migrate to the United States and come into contact with other Native American and Latino populations. As with other countries worldwide, transnational migration over the past twenty or thirty years has marked a significant shift in the conception of what it means to be Ecuadorian. With one in ten Ecuadorians now living abroad, New York has become Ecuador's third largest city by population (Jokisch & Kyle, 2008; Weismantel, 2003). As Mary Weismantel (2003) puts it, "The mestiza nation … is simultaneously imploding and exploding: imploding as the rural indigenous population takes over the centers of white urbanity and exploding as Ecuadorians from all walks of life abandon the land of their birth for the United States" (p. 331). Santy Barrera Baidal himself has noted that, as a Guancavilca and second-generation Ecuadorian-American, he has sought out alliances with local Native Americans and received both welcoming and critical responses (personal communication, September 18, 2015). Although he is just one indigenous Latino among many, his call for re-indigenization and the ensuing debate are illustrative of what happens when these different conceptions of indigeneity come into contact as people migrate throughout the Americas. For instance, do indigenous migrants in New York City, Los Angeles, and Washington D.C. identify primarily with other Spanish-speakers from elsewhere in Latin America, or, like Barrera Baidal, do they seek out affiliations with local Native American communities instead?

Moreover, what do these debates suggest about the possibilities for political solidarity and decolonial change, and how are we to understand indigeneity within a comparative context? In one sense, juxtaposing internal conflicts within a broader geopolitical framework only exacerbates the differences between competing definitions, suggesting little prospect for a common ground. Indigenous people from Central and South America likely cannot "prove" their blood quantum like tribes in the United States due to the lack of official registers such as the Dawes Rolls. By the same token, if we applied the cultural standards of indigeneity in Latin America even to card-carrying tribal citizens in the United States, many would not pass the test since they do not all speak an indigenous language, maintain traditional dress, display specific phenotypes, and/or continue to inhabit their ancestral territory. Yet on a broader level, the settler colonial techniques of physical and rhetorical genocide that lie at the root of both genealogies suggest that they may have more in common than might at first appear.

By way of conclusion, then, I would like to offer a few observations on how a comparative, transnational perspective might be useful in moving beyond superficial modes of identity politics towards a more meaningful, substantive basis for social change. My point here is not to deconstruct the category of indigeneity altogether but rather to suggest that placing these different models in contact with one another illustrates the historical contingency and local particularities at work in each. We don't need (and arguably cannot pinpoint) a single, overarching, and precise definition that applies equally in all contexts. However, we do need to acknowledge the origins of certain criteria of "authenticity" and question the ways in which requirements for tribal citizenship in the United States or cultural standards of belonging in Latin America replicate colonial mechanisms of control that work against the ultimate goals of decoloniality and autonomy.

It bears repeating that Barrera Baidal's proposal entails not simply imposing a different racial or ethnic label (Native American) onto an existing cultural construct (Latino, Andean, or Latin American Indian); instead, it requires transforming both categories at their roots through a process of political and epistemological change. His call to arms is apropos: "It's time we come out of the camouflage of 'assimilation' and bring out the Indigenous culture we've held on to for so many centuries behind closed doors" (2014d, para. 2). Ultimately, this endeavor represents much more than just a claim to Native American heritage on the national census; a more than cursory look at the numerous articles on his blog should be enough to show that he is invested in a project of historical reconstruction—not just claiming but actively *reclaiming* his Guancavilca heritage in an effort to recuperate the indigenous roots of mestizaje. It is also significant that he articulates this project not from the Santa Elena Peninsula but from New York City. If speaking Spanish rather than the long-lost language of their ancestors does not make his people less indigenous, nor does the fact that some of them now reside outside their original homeland. His project of re-indigenization thus begins the work of envisioning a new locus of enunciation for Latin American indigeneity in the twenty-first century.

In an interview from 2009, Bolivian sociologist Silvia Rivera Cusicanqui issued a similar call to *reindianizar* Bolivia through the expansion of a Quechua-Aymara hegemonic project (Balderrama & Rivera Cusicanqui, 2009).[25] For Rivera Cusicanqui, the challenge for contemporary social movements in the Andes lies in transgressing the neoliberal models of development that the Morales presidency continues to replicate and proposing concrete alternatives predicated on indigenous political philosophy (Balderrama & Rivera Cusicanqui, 2009). In order to do so, she suggests, we must stop thinking of indigeneity in terms of skin color and conceive of it instead as "una conciencia histórica, de continuidad histórica, de la cual emanamos todos y todas finalmente, porque el lado indio de los mestizos es tan antiguo como el de los propios indios" [a historical consciousness and a historical continuity from which we all originate, because the Indian side of mestizos is as old as that of Indians themselves] (Balderrama & Rivera Cusicanqui, 2009, question 5). She argues that multicultural politics worldwide are predicated upon the problematic assumption that indigenous peoples represent a minority population. In the case of Bolivia, the Movimiento al Socialismo (Movement Towards Socialism, or MAS) demonstrated an enormous hegemonic potential in the early years of the twenty-first century, but the Morales administration has done more to reproduce a neoliberal, developmentalist model of multiculturalism than bring it into question.

In this regard, the Morales presidency illustrates the fact that indigenous leadership does not necessarily entail emancipation for indigenous peoples (Balderrama & Rivera Cusicanqui, 2009), just as Barack Obama's presidency has not heralded the end of white supremacy in the United States. Without a doubt, Bolivia has witnessed an unprecedented shift in recent years regarding popular attitudes towards indigeneity. With the very president of the country exhibiting outward displays of Aymara heritage[26] and instituting public policy predicated upon decolonizing the state apparatus, the implications of self-identifying as Indian have altered significantly. It is with good reason that leftist and indigenous movements worldwide have followed these developments with great interest and contemplated the possibilities for *pachakuti*, or an era of radical transformations, through electoral politics and mass mobilization. Yet while Evo's early years evoked an unparalleled boom in all things indigenous, the 2012 census indicates a subsequent decline; whereas 62% of Bolivians identified as Native or Afro-Bolivian in 2001, that number dropped significantly to 40.5% eleven years later (Peralta, 2013). Xavier Albó has suggested that the regression may have to do with a change in the wording of the question, yet Pablo Mamani and others interpret the drop as a negative reaction to Morales's politics (Peralta, 2013). In either case, the most recent census in Bolivia illustrates the politically contingent nature of indigeneity, which not only varies from one region to the next but can also shift in a relatively short period of time in response to state policies and other social factors.

Moreover, Rivera Cusicanqui's perspective suggests the need to continue to push beyond superficial models of recognition and outward displays of indigeneity in order to produce a revolutionary transformation of society more truly based on indigenous values and alternative models of development.[27] At first glance, her call for a decolonizing indigenous hegemony might seem to have little relevance outside the Andes; as she acknowledges herself, there are very few countries worldwide with an indigenous majority like Bolivia (Balderrama & Rivera Cusicanqui, 2009). In the United States, for instance, census records indicate that Native Americans comprise less than 2% of the national population (United States Census Bureau, 2012). Yet Barrera Baidal's intervention suggests a different realm of possibility through the re-indigenization of mestizaje and the hegemonic potential of an ever-increasing Latino population. Latinos represent the most rapidly growing minority in the United States; they currently comprise approximately 17% of the overall population and are expected to increase to 29% by 2060 (Colby & Ortman, 2015). Further projections based on current population growth indicate that by the year 2044, non-Hispanic whites will comprise less than half of the U.S. population, meaning they will soon be the minority (Colby & Ortman, 2015). Additionally, a survey of 1,520 Latino adults in the U.S. conducted by the Pew Research Center (2015) indicated that an unexpectedly high number identify as indigenous. When asked "Do you consider yourself to be indigenous or Native American, such as (Maya, Nahua, Taino, Quiche, Aymara, Quechua) or some other indigenous or Native American origin, or not?" 25% of those surveyed said yes, and another 34% identified as mixed race (p. 107, text box).[28]

These demographic shifts may well be part of why some Native Americans in the U.S. perceive Barrera Baidal's call for re-indigenization as a threat: those statistics feed into the white nativist fear that migrants will overwhelm and outnumber the local population. As we have seen, such concerns may be well founded when it comes to American Indian nations in the United States, given the long history of misappropriation by outsiders. However, a defensive posture such as this one cannot provide the foundation for a transformative political project; instead, it serves mostly to maintain a status quo that is predicated upon the isolation and exploitation of indigenous communities. How, then, do we move forward? Do the roots of racism ultimately run too deep, or is there a possibility for re-indigenization through the creation of an indigenous hegemony in the Americas? And if so, what might that look like? If the Morales experiment has failed, as Rivera Cusicanqui and several other critics maintain,[29] then what kind of alternative can we construct moving forward?

These questions are—and should be—the provenance of indigenous and Latino social movements, more than white, non-Native academics such as myself. Yet I would argue that the crucial first step is to understand both our own and each other's local histories. We should remember, for example, that the Cherokee Nation is no more "indigenous" to Oklahoma than Quechua migrants are to New York. Even though each group had very different political motives driving their relocation—and one was voluntary, while the other was not—both now reside outside their original homeland. Although the phenomenon of globalization in recent years has produced a sharp increase in transnational migration, indigenous peoples have always traveled, migrated, and traded with other communities. As a result, the particular histories of forced removal and exile among different groups indicate the need to question national, regional, and ethnic boundaries while also acknowledging the different historical experiences that have developed within them.

To do so, however, requires rethinking indigeneity beyond the static confines of identity politics and opting instead for political modes of indigenization. In the words of Quechua activist Víctor Laime Mantilla (2010), it means recognizing that indigeneity today is based not only on blood relations or cultural heritage. More importantly, it is also "una opción política, epistémica de lucha por los ideales de la reciprocidad, de justicia, de equidad y de la complementariedad que las sociedades modernas, por prejuicio, rechazan o pretenden desconocer pese a que las necesitan para mantenerse en el poder" [a political and epistemological choice to struggle for the ideals of reciprocity, justice, equity, and complementarity that, due to prejudice, modern societies reject or refuse to recognize, despite the fact that they need them to remain in power] (Laime Mantilla, 2010, p. 1). In this regard, decolonization does not entail recreating lost and buried forms of indigeneity as a simple return to the past; instead, it requires opening up our understandings of the term to reflect the effects of de-indigenization and heal the trauma of what Patricia Gonzales (2006) refers to as "post-tribal stress disorder."

Ultimately, the story of Barrera Baidal's essay and the debate that ensued underscores the need to understand indigeneity both in terms of territoriality and of mobility and to recognize that *lo andino* transcends the physical space of the Andes. We also need to find ways of reinscribing against (post)colonial forms of erasure but do so in a way that respects the autonomy and sovereignty of established tribal nations. If a hegemonic project is possible—if we are to identify common goals and propose alternative models of development consistent with indigenous cultural values—then perhaps the greatest challenge lies in moving beyond divided and conquered mentalities. To do that, however, we need to move past and heal the wounds of expropriation and disenfranchisement. We have our work set out for us, without a doubt, but we can begin by acknowledging the legacies of colonialism and the ways in which they continue to circulate in contemporary society—in Native American, immigrant, and whitestream communities alike.

Acknowledgments

I would like to extend my appreciation to Carlos Abreu Mendoza for inviting me to participate in the panel "A Critique of Andean Reason, an Interdisciplinary Approach" at the 2014 meeting of the Latin American Studies Association, and for the subsequent invitation to contribute to the present volume. Thanks also to Denise Arnold, Jorge Coronado, and Elizabeth Monasterios for their own interventions on the panel and for the fruitful discussion that ensued. Additionally, I would like to extend a special thank you to Carlos, Denise, Caroline Garriott, and the external reviewer for their valuable suggestions, all of which significantly enriched my work.

Notes

1 Correspondence concerning this chapter should be addressed to: hannahburdette@gmail.com.
2 The Guancavilcas are an ethnic group residing in the Santa Elena Peninsula of Ecuador. They are the current descendants of the Manteño-Huancavilca culture, which flourished between 1100 and 1520 AD. The group gained formal recognition from the Instituto Nacional de Patrimonio Cultural (National Institute of Cultural Heritage, or INPC) in 2011. As with Barrera Baidal, I follow the spelling adopted by the INPC and the Guancavilca people themselves. Readers may note that in some contexts elsewhere the indigenized spelling Wankavilka is also used.
3 I use the term trans-indigenous in the sense established by Chadwick Allen in *Trans-Indigenous: Methodologies for Global Native Literary Studies* (2012), which lays the groundwork for a methodology predicated upon juxtapositions between different historical and political contexts as a productive basis for theorizing indigeneity.
4 In fact, the official definition of "American Indian or Alaska Native" used in the 2010 census denotes "a person having origins in any of the original peoples of North and South America (including Central America) and who maintains tribal affiliation or community attachment" (United States Census Bureau, 2012). It is also worth noting the increasing popularity of the term Abya Yala as an alternative to the colonial designations America(s) or New World. Derived from the Kuna language of Panama, this term translates roughly as "continent of plenitude and maturity." While many indigenous scholars and activists use it as a synonym for Latin America (parallel to Turtle Island, or North America), others insist that such perspectives continue to replicate a national boundary that is inconsistent with the Kuna understanding of a single continent and, more broadly, indigenous understandings of the land that precede national boundaries. This approach emphasizes transnational connections between indigenous communities throughout the hemisphere and productively questions the imposition of the U.S.-Mexico border as a dividing line between the "First" and "Third" World. For more on this term, see Muyolema (2015).
5 Many readers posted to the site's comment board and/or shared their opinions via social media platforms such as Twitter and Facebook. Barrera Baidal has commented that he also received numerous e-mails expressing both positive and negative reactions to his article (personal communication, September 18, 2015).
6 In the context of federally recognized nations within the United States, the concept of sovereignty involves both territorial rights and self-governance and has different political implications than in Latin America. For more on contrasting uses of the concepts of sovereignty and autonomy throughout the Americas, see Gutiérrez Nájera, Castellanos, & Aldama (eds.), *Comparative Indigeneities of the Américas: Toward a Hemispheric Approach* (2012).
7 I will explore these implications more at length below. In general, when I use the term "mestizaje" in this essay I refer primarily to the nationalist discourse

of cultural integration (e.g. José Vasconcelos's "cosmic race") and its cultural implications in Latin America, rather than the arguably universal process of cultural exchange and transformation. As an ideological construct, mestizaje has traditionally constituted a political avenue for gradually eliminating indigenous practices perceived as detrimental to modernization and national unity. It is that approach that Barrera Baidal and others seek to revert by recuperating the indigenous roots of mestizaje. See also Sanjinés (2004).

8   Legislation on the international level such as the International Labor Organization (ILO) Convention 169 and the growing power of transnational indigenous organizations has put increasing pressure on nation-states to officially recognize indigenous groups and uphold the set of rights delineated in the United Nations Declaration on the Rights of Indigenous Peoples (UNDRIP). Most significantly in the Andes, the transition of Ecuador and Bolivia to the status of plurinational states has produced the formal recognition of indigenous and Afro-descendent communities. Evo Morales's presidency in Bolivia has also raised numerous questions regarding the changing relationship between indigenous communities and the state.

9   For more on Chicanx indigenism, see Cotera & Saldaña-Portillo (2015), Saldaña-Portillo (2016), Hartley (2012), and Contreras (2008). A useful resource on Andean migration to the U.S. is José Luis Falconi & José Antonio Mazzotti (eds.), *The Other Latinos: Central and South Americans in the United States* (2007), particularly the contributions by Juan Ulises Zevallos-Aguilar (pp. 125-139) and Edmundo Paz Soldán (pp. 165-175). See also Zevallos-Aguilar (2007b), Zevallos-Aguilar (2015), and Noriega (2012).

10   I refer here to the conceptual framework of decoloniality developed by Walter Mignolo and others. For a concise overview of this theoretical approach, see Escobar (2007), and for a more extensive treatment, see Mignolo (2011).

11   Sturm frames this phenomenon primarily in terms of race rather than ethnicity. For my own purposes, I use the terms more or less interchangeably throughout this essay in regards to indigeneity, for the simple reason that both categories color and influence our perception of what it means to be indigenous, in ways that are not easily untangled. In this regard, my approach is informed by Maximilian Forte's assertion that "race is a problem that needs to be studied in connection with indigeneity, not apart from it" (2013, p. 29). As Peter Wade famously put it, "virtually unquestioned assumptions [prevail] that the study of blacks is that of race and race relations, while the study of Indians is that of ethnicity and ethnic groups" (1997, p. 37).

12   Part of the problem here is the conflict between self-identification, federal or state recognition, and consensus among federally recognized tribes—all of which impact the political construct of indigeneity in the United States. For a detailed analysis of each category and how they interact in U.S. indigenous politics, see Garroutte (2003).

13   Rachel Dolezal was the focus of a public scandal in 2015, when the story broke that the civil rights activist and Africana studies instructor had fabricated her identity as African American. Based on the scandal, she was forced to resign as

president of the Spokane, Washington chapter of the National Association for the Advancement of Colored Peoples (NAACP), and the story sparked renewed interest in the age-old debate over the phenomena of racial passing and cultural appropriation in the U.S. See Brubaker (2016).

14 The assumption here is that the indigenous community has the collective right to determine who can rightly claim Native American status (regardless of the fact that it does not speak as one).

15 For an overview of some of these differences, see Forte (2013).

16 The Five Civilized Tribes were those deemed most amenable to Western civilization: the Cherokee, Chickasaw, Choctaw, Creek, and Seminole. These groups all adopted notable elements of European culture, including Christianity, intermarriage with whites, written constitutions, and plantation-style slavery.

17 The primary objective of federal allotment was to integrate Native Americans into mainstream U.S. society. As a result, some political leaders objected to the process and refused to enroll. Some, like Muscogee Chitto Harjo (Crazy Snake), and Cherokee Redbird Smith were eventually forced to sign the rolls, but some full-bloods managed to avoid enrollment altogether (Russell, 2002).

18 In slightly different terms, however, Spanish colonial governments did establish several historical treaties with fugitive-slave communities, which often included indigenous inhabitants.

19 For comparisons of British and Spanish colonization, see Elliott (2006) and Pagden (1995). Jorge Cañizares-Esguerra (2006) offers a different interpretation of Spanish and British colonialism, arguing that the two models were more similar than most historians concede, in that both conceive of colonization as exorcism and spiritual gardening. For Cañizares-Esguerra, the Puritan conquest of North America was just as much a chivalric, crusading act of *Reconquista* as the Spanish Conquest. However, differences in the approach to religious conquest also produced distinct relationships between colonizers and indigenous peoples, as well as disparate racial regimes and gender dynamics. For now-classic readings on the racial and gender dynamics of conquest in Latin America, see Vasconcelos (1925/1997), Paz (1950/1997), and Stavans (1995).

20 For a comprehensive analysis of the historical construction of blood-purity and the relationship between caste classifications, religion, and social status in colonial Mexico, see Cope (1994) and Martínez (2008). For a more recent revision of the concept of caste outside of Mexico, see Rappaport (2014). Notably, Rappaport contends that the caste system was mostly confined to eighteenth-century Mexico and that in general it was far less systematic that most scholarship on the subject would suggest. Like the authors of *Imperial Subjects: Race and Identity in Colonial Latin America* (ed. Andrew B. Fisher & Matthew D. O'Hara, 2009), she argues that racial classification was far more fluid and contingent than Mexican caste drawings would suggest and that it is dangerously misleading to apply contemporary conceptions of race to colonial society.

21 For a more thorough review of *indigenismo* in Mexico, see Brading (1988), Knight (1990), and Favre (1998).

22 As Linda Seligman (1999) notes, "The term *cholo* refers to the general linguistic

category of both males and females; however, the social, economic, and cultural characteristics of females (*cholas*) and males (*cholos*) differ markedly" (p. 696, n. 1). See Rodríguez García (2010), Weismantel (2008), and Seligman (1999) for an overview of the figure of the *chola* in Bolivian, Ecuadorian, and Peruvian societies, respectively.

23 The term *indio* (Indian) is a misnomer, derived from Christopher Columbus's mistaken belief that he had arrived in India. *Indígena* (indigenous) on the other hand, derives from Latin and indicates a person (or, in biology, a plant or animal) that is native to a particular place. For this reason, the latter of the two terms is generally perceived as more politically acceptable. It also has more global scope, as it is used to refer to aboriginal peoples worldwide, whereas *indio* or Indian is only used in the Americas and the Asian subcontinent. Despite efforts by Fausto Reinaga and others to reappropriate the term, *indio* is still most often used and perceived in a derogatory sense.

24 In the context of neoliberal multiculturalism, indigeneity has gained a certain niche appeal that it arguably did not enjoy previously. Juan Ulises Zevallos-Aguilar (2007a; 2015) contends that Andean migrants in the U.S. may even experience social benefits unknown either in their countries of origin or to their monolingual compatriots: greater facility in learning English, specialized work skills that are easily adaptable to labor needs in the U.S., cultural capital in the form of musical expression and folkloric traditions of interest to mainstream Americans, etc.

25 Rivera Cusicanqui opts for the root word *indio* rather than *indígena*, yet her basic proposal is strikingly similar to that of Barrera Baidal, even though it is focused on the Bolivian highlands rather than the United States.

26 Such displays include political symbols and traditional garments such as the rainbow flag of Tawantinsuyu, the *lluchu* (a woven wool hat worn by Aymara men), coca leaves and ceremonial instruments, and the use of pre-Columbian sites such as Tiwanaku for political investiture ceremonies and presidential inaugurations. There is a clear sense of public performance here to Morales's assumption of his role as indigenous president. See Denise Arnold's contribution to this volume for an account of the political use of Aymara heritage symbols.

27 One example that has sparked widespread debate throughout the Andes is the concept of *suma qamaña* (Aymara) or *sumaj kawsay* (Quechua), which contrasts the capitalist notion of living better (i.e. economic progress) with an alternative model predicated instead on living well. This model is closely connected to the environmentalist prerogatives invoked in appeals to the Pachamama, or Mother Earth, and calls for a very different relationship with natural resources than the extractivist approaches that have dominated the region. However, its critics have argued that *suma qamaña* represents a discursive ploy by the Morales administration to conceal and justify actions that are ultimately complicit with global capitalism and harmful to both indigenous communities and the environment. The most illustrative moment in this conflict was Morales's failure to respond to protests against the construction of a highway through TIPNIS (Isiboro Sécure National Park and Indigenous Territory) and the threats of deforestation and

oil extraction within the park. For more on the framework of *suma qamaña*, see Medina (2006) and Marañón Pimentel (2014).
28 These numbers vary significantly from the statistics reported in the U.S. census, suggesting that, as Albó argues in the case of Bolivia (Peralta, 2013), the phrasing of the question may be very important in evaluating how Latinos self-identify in terms of race and ethnicity (Pew Research Center, 2015). Ana González Barrera, one of the Center's research associates, suggests that the inclusion of specific tribes in the question may have increased the number of affirmative responses, since respondents may be more likely to identify with a particular ethnic group than to call themselves simply indigenous (Braine, 2015).
29 The consensus among many Bolivian intellectuals is that Morales has done more to reinforce neoliberal economic policies than to propose alternative models of development and even that many of his policies are anti-indigenous. See, for example, García & Tapia (2013) and Prada (2016).

References

Allen, C. (2012). *Trans-indigenous: Methodologies for global native literary studies.* Minneapolis, MN: University of Minnesota Press.

Angamarca, S. (Host). (2014, October 18). Kichwa Hatari Radio Program. Video broadcast. http://bambuser.com/v/5006471.

Balderrama, R. (Interviewer) & Rivera Cusicanqui, S. (Interviewee). (2009). Bolivia: indianizar el país. http://pueblosencamino.org/?p=1560.

Barrera Baidal, S. Q. (2014a, April 5). Don't be fooled: Latino = Indigenous. *Indian Country Today Media Network.* http://indiancountrytodaymedianetwork.com/2014/04/05/dont-be-fooled-latino-indigenous.

Barrera Baidal, S. Q. (2014b, February 25). Drop the "Latino" and re-adopt the indigenous label for indigenous people: this is our idle no more movement. *The Quinde Journey.* Retrieved from https://squinde.wordpress.com/2014/02/25/drop-the-latino-and-re-adopt-the-indigenous-label-this-is-our-idle-no-more-movement/.

Barrera Baidal, S. Q. (2014c, April 7). Fighting stereotypes: "But she looks so indian, too bad." *The Quinde Journey.* Retrieved from https://squinde.wordpress.com/2014/04/07/fighting-stereotypes-but-she-looks-so-indian-que-pena.

Barrera Baidal, S. Q. (2014d, February 3). Re-indigenize today #NotYourMascot. *The Quinde Journey.* Retrieved from https://squinde.wordpress.com/2014/02/03/re-indigenize-today-notyourmascot/.

Barrera Baidal, S. Q. (2014e, January 30). Why keeping in touch with your native language does matter. *The Quinde Journey.* Retrieved from https://squinde.wordpress.com/2014/01/30/why-keeping-in-touch-with-your-native-language-does-matter/.

Bonfil Batalla, G. (2005). *México profundo: Una civilización negada.* Mexico City: Random House Mondadori.

Brading, D. (1988). Manuel Gamio and official indigenismo in Mexico. *Bulletin of Latin American Research, 7*(1), 75-89. Retrieved from http://www.jstor.org/stable/3338441.

Braine, M. (Host). (2015, August 28). Indigenous Latinos and Native America. *Native America Calling* (Podcast). http://nativeamericacalling.com/friday-august-28-2015-indigenous-latinos-and-native-america/.

Brubaker, R. (2016). The dolezal affair: Race, gender, and the micropolitics of identity. *Ethnic & Racial Studies, 39*(3), 414-448.

Byrd, J. (2011). *The transit of empire: Indigenous critiques of colonialism.* Minneapolis, MN: University of Minnesota Press.

Cañizares-Esguerra, J. (2006). *Puritan conquistadors: Iberianizing the Atlantic, 1550-1700.* Stanford, CA: Stanford University Press.

Colby, S. L. & Ortman, J. M. (2015). Projections of the size and composition of the U.S. population: 2014 to 2060. Population estimates and projections (pp. 1-13). *United States Census Bureau.* Retrieved from https://www.census.gov/content/dam/Census/library/publications/2015/demo/p25-1143.pdf.

Contreras, S. M. (2008). *Blood lines: Myth, Indigenism, and Chicano/a literature.* Austin, TX: University of Texas Press.

Cope, R. D. (1994). *The limits of racial domination: Plebeian society in colonial Mexico City, 1660-1720.* Madison, WI: University of Wisconsin Press.

Cotera, M. E., & Saldaña-Portillo, M. J. (2015). Indigenous but not Indian? Chicana/os and the politics of indigeneity. In R. Warrior (Ed.), *The World of Indigenous North America* (pp. 549-68). New York, NY: Routledge.

De la Cadena, M. (2000). *Indigenous Mestizos: The politics of race and culture in Cuzco, Peru, 1919-1991.* Durham, NC: Duke University Press.

Elliot, J. (2006). *Empires of the Atlantic world: Britain and Spain in America, 1492-1830.* New Haven, CT: Yale University Press.

Escobar, A. (2011). Worlds and knowledges otherwise: The Latin American modernity/coloniality research program. *Cultural Studies, 21*(2), 179-210.

Favre, H. (1998). *Indigenismo*. Mexico City: Fondo de Cultura Económica.
Fisher, A. B. & O'Hara, M. D. (2009). Introduction: Racial identities and their interpreters in colonial Latin America. In A. B. Fischer & M. D. O'Hara (Eds.), *Imperial Subjects: Race and Identity in Colonial Latin America* (pp. 1-37). Durham, NC: Duke University Press.
Forte, M. (2013). Introduction: "Who is an Indian?" The cultural politics of a bad question. In M. Forte (Ed.), *Who is an Indian? Race, Place, and the Politics of Indigeneity in the Americas* (pp. 3-51). Toronto, ON: University of Toronto Press.
García, R. (Interviewer) & Tapia, L. (Interviewee). (2013, November 12). Luis Tapia analiza la tradición boliviana e indígena, el gobierno y Evo Morales. Radio Uruguay. http://www.radiouruguay.com.uy/innovaportal/v/43240/22/mecweb/luis_tapia_analiza_la_tradicion_boliviana_e_indigena_el_gobierno_y_evo_morales?parentid=11305.
Garroutte, E. M. (2003). *Real Indians: Identity and the survival of Native America*. Berkeley, CA: University of California Press.
Gonzales, P. (2006, May 1). In the spirit of the ancestors: Reconciling post tribal stress disorder. *Zero Anthropology*. Retrieved from http://zeroanthropology.net/2007/10/12/post-tribal-stress-disorder/.
Grande, S. (2004). *Red Pedagogy: Native American Social and Political Thought*. Lanham, MD: Rowman & Littlefield.
Gutiérrez Nájera, L, Castellanos, M. B., & Aldama, A. J. (2012). Introduction: Hemispheric *encuentros* and re-Memberings. In L. Gutiérrez Nájera, M. B. Castellanos, & A. J. Aldama (Eds.), *Comparative Indigeneities of the Américas: Toward a Hemispheric Approach* (pp. 1-19). Tucson, AZ: University of Arizona Press.
Hartley, G. (2012). Chican@ indigeneity, the nation-state, and colonialist identity formations. In L. Gutiérrez Nájera, M. B. Castellanos, & A. J. Aldama (Eds.), *Comparative Indigeneities of the Américas: Toward a Hemispheric Approach* (pp. 53-66). Tucson, AZ: University of Arizona Press.
ICTMN Staff. (2015, October 1). Reassigned: Susan Taffe Reed no longer Dartmouth's native program director. *Indian Country Today Media Network*. http://indiancountrytodaymedianetwork.com/2015/10/01/reassigned-susan-taffe-reed-no-longer-dartmouths-native-program-director-161940.
Jaschik, Scott (2015, September 17). Indian enough for Dartmouth? *Inside Higher Ed*. Retrieved from https://www.insidehighered.com/

news/2015/09/17/indian-activists-raise-questions-about-woman-appointed-lead-native-american-program.

Jokisch, B. & Kyle, D. (2008). Ecuadorian international migration. In C. de la Torre & S. Striffler (Eds.), *The Ecuador Reader: History, Culture, Politics* (pp. 350-58). Durham, NC: Duke University Press.

Keeler, Jacqueline (2015, September 21). Susan Taffe Reed: Dartmouth's dolezal? *Indian Country Today Media Network.* http://indiancountrytodaymedianetwork.com/2015/09/21/susan-taffe-reed-dartmouths-dolezal-161826.

Knight, A. (1990). Racism, revolution, and indigenismo: Mexico, 1910-1940. In R. Graham (Ed.), *The Idea of Race in Latin America, 1870-1940* (pp. 71-113). Austin, TX: University of Texas Press.

Laime Mantilla, V. (2010, January 15). Perú: ¿Qué significa ser indígena en los tiempos actuales? [Peru: What does it mean to be indigenous in current times?] *SERVINDI*. Retrieved from http://servindi.org/printpdf/44167.

Lucero, J. A. (2011). Encountering indigeneity: The international funding of indigeneity in Peru. In M. Forte (Ed.), *Who is an Indian? Race, Place, and the Politics of Indigeneity in the Americas* (pp. 194-217). Toronto, ON: University of Toronto Press.

Mallon, F. (1992). Indian Communities, political cultures, and the state in Latin America, 1780-1990. *Journal of Latin American Studies, 24*, 35-53. Retrieved from http://www.jstor.org/stable/156944.

Marañón Pimentel, B. (Coord.) (2014). *Buen vivir y colonialidad: crítica al desarrollo y racionalidad instrumentales*. Mexico City: Universidad Nacional Autónoma de México; Instituto de Investigaciones Económicas.

Martínez, M. E. (2008). *Genealogical fictions: limpieza de sangre, religion, and gender in colonial Mexico*. Stanford, CA: Stanford University Press.

Medina, J. (2006). *Suma qamaña: por una convivialidad postindustrial*. La Paz: Garza Azul.

Mignolo, W. (2011). *The darker side of Western Modernity: Global futures, decolonial options*. Durham, NC: Duke University Press.

Muyolema, A. (2015). América Latina y los pueblos indígenas. Para una crítica de la razón latinoamericana. In E. del Valle Escalante (Ed.), *Teorizando las literaturas indígenas contemporáneas*. (pp. 233-274). Raleigh, NC: Editorial A Contracorriente.

Noriega Bernuy, J. (2012). Caminan los apus: *escritura andina en migración*.

Lima: Pakarina Ediciones; Galesburg, IL: Knox College.

Pagden, A. (1995). *Lords of Aal the world: Ideologies of empire in Spain, Britain, and France, c. 1500-c. 1800.* New Haven, CT: Yale University Press.

Paz, Octavio. (1997). *El laberinto de la soledad.* New York, NY: Penguin. (Original work published 1950)

Paz-Soldán, E. (2007). Obsessive signs of identity: Bolivians in the United States. In J. L. Falconi & J. A. Mazzotti (Eds.), *The other Latinos: Central and South Americans in the United States* (165-175). Cambridge, MA: The David Rockefeller Center for Latin American Studies, Harvard University.

Pease, F. (1992). *Curacas, reciprocidad y riqueza.* Lima: Pontificia Universidad Católica del Perú.

Peralta, P. (2013, August 12). Censo 2012 y pertenencia indígena: ¿Hay crisis de identidad en el país? *La frontera dos.* Retrieved from http://www.lafronterados.com/2013/08/censo-y-pertenencia-indigena-hay-crisis.html.

Pew Research Center. (2015, June 11). Multiracial in America: Proud, diverse and growing in numbers (pp. 1-155). Retrieved from http://www.pewsocialtrends.org/files/2015/06/2015-06-11_multiracial-in-america_final-updated.pdf.

Postero, N. (2007). *Now we are citizens: Indigenous politics in postmulticultural Bolivia.* Stanford, CA: Stanford University Press.

Prada, R. (2016, February 29). Itinerario de un derrumbe político. Retrieved from http://www.bolpress.com/?Cod=2016022901.

Rappaport, J. (2014). *The disappearing Mestizo: Configuring difference in the colonial New Kingdom of Granada.* Durham, NC: Duke University Press.

Robert. (2015, August 28). Comment on Radio Show: Friday, August 28, 2015 – Indigenous Latinos and Native America. http://nativeamericacalling.com/friday-august-28-2015-indigenous-latinos-and-native-america/.

Russell, S. (2002). Apples are the color of blood. *Critical Sociology, 28*(1), 65-76.

Russell, S. (2011, August 11). Disappearing Indians, Part IV: When Is enough too much? *Indian Country Today Media Network.* http://indiancountrytodaymedianetwork.com/2015/08/11/disappearing-indians-part-iv-when-enough-too-much-161344.

Saldaña-Portillo, M. J. (2016). *Indian given: Racial geographies across Mexico and the United States*. Durham, NC: Duke University Press.

Sanjinés, J. (2004). *Mestizaje upside-down: Aesthetic politics in modern Bolivia*. Pittsburgh, PA: University of Pittsburgh Press.

Schürmann, V. B. & Bosshard, M. T. (Eds.). (2015). Orientaciones transandinas para los estudios andinos. *Revista Iberoamericana*, 81(253). Retrieved from http://revista-iberoamericana.pitt.edu/ojs/index.php/Iberoamericana/issue/view/292/showToc.

Seligman, L. J. (1989). To be in between: The Cholas as market women. *Comparative Studies in Society and History 31*(4), 694-721. Retrieved from http://www.jstor.org/stable/179075.

Stavans, Ilan. (1995). The Latin phallus. *Transition*, 65, 48-68.

Sturm, C. (2011). *Becoming indian: The struggle over Cherokee identity in the twenty-first century*. Santa Fe, NM: School for Advanced Research Press.

Sturm, C. (2014). Race, sovereignty, and civil Rights: Understanding the Cherokee freedmen controversy. *Cultural Anthropology*, 23(3), 575-598.

Thornton, R. (1987). *American Indian holocaust and survival: A population history since 1492*. Norman, OK: University of Oklahoma Press.

Twinam, A. (1999). *Public lives, private secrets: Gender, honor, sexuality, and illegitimacy in colonial Spanish America*. Stanford, CA: Stanford University Press.

Twinam, A. (2015). *Purchasing whiteness: Pardos, mulattos, and the quest for social mobility in the Spanish Indies*. Stanford, CA: Stanford University Press.

United States Census Bureau. (2012). The American Indian and Alaska Native Population: 2010. Retrieved from http://www.census.gov/prod/cen2010/briefs/c2010br-10.pdf.

Vasconcelos, J. (1997). *The cosmic race / La raza cósmica*. (D. T. Jaén, Trans.). Baltimore, MA: Johns Hopkins University Press. (Original work published 1925).

Wade, P. (1997). *Race and ethnicity in Latin America*. Chicago, IL: Pluto Press.

Weismantel, M. J. (2008). Mothers of the Patria: La Chola Cuencana and La Mama Negra. In N. Whitten, Jr. (Ed.), *Millennial Ecuador: Critical Essays on Cultural Transformation & Social Dynamics* (pp. 325-354). Iowa City, IA: University of Iowa Press.

Wilkinson, C. F. (2006). *Blood struggle: The rise of modern Indian nations*. New York, NY: W.W. Norton & Company.

Zevallos-Aguilar, U. J. (2007a). Mapping the Andean cultural Archipelago in the United States. In J. L. Falconi & J. A. Mazzotti (Eds.), *The Other Latinos: Central and South Americans in the United States* (125-139). Cambridge, MA: The David Rockefeller Center for Latin American Studies, Harvard University.

Zevallos-Aguilar, U. J. (2007b). Memoria y discursos de identidad andina en los Estados Unidos. *Revista Iberoamericana, 73*(220), 649-664. Retrieved from http://revista-iberoamericana.pitt.edu/ojs/index.php/Iberoamericana/article/viewFile/5349/5506.

Zevallos-Aguilar, U. J. (2015). Archipiélagos transandinos: Hacia una nueva cartografía de la transformación cultural. *Revista Iberoamericana, 81*(253), 955-971. Retrieved from http://revista-iberoamericana.pitt.edu/ojs/index.php/Iberoamericana/article/view/7333.

Sobre los autores

Carlos Abreu Mendoza es profesor asistente en Texas State University. Se especializa en la literatura latinoamericana del siglo XIX, aunque su investigación también abarca narrativas contemporáneas, especialmente del Cono Sur. Sus artículos sobre Horacio Quiroga, Jorge Luis Borges y Juan José Saer se han publicado en *Revista de Crítica Literaria Latinoamericana*, *Latin American Literary Review*, *A Contracorriente*, *Chasqui* y *Readings*. Su proyecto actual de investigación se titula "Geographies of the Sublime in Nineteenth-Century Latin America" y analiza la intersección entre la categoría de lo sublime y los proyectos de nation-building en el siglo XIX.

Denise Y. Arnold es antropóloga anglo-boliviana. Sus investigaciones han sido auspiciadas por la Fundación Wenner Gren, el SSRC, ESRC, AHRC y el Leverhulme Trust, entre otros. Ha sido docente invitada en Bolivia, Perú, Chile, Argentina, Brasil, Reino Unido y EEUU. Actualmente es Directora del Instituto de Lengua y Cultura Aymara e Investigadora en el Instituto de Investigaciones Antropológicas y Arqueológicas, UMSA, La Paz. Sus publicaciones recientes incluyen *Heads of State: Icons of Power and Politics in the Ancient and Modern Andes* (con Christine Hastorf, 2008), *El textil y la documentación del tributo en los Andes* (2012), *El textil tridimensional* (con Elvira Espejo, 2013) y *Textiles, Technical Practice and Power in the Andes* (ed. con Penelope Dransart, 2014).

Hannah Burdette es profesora asistente de español y estudios latinoamericanos en la Universidad Estatal de California en Chico. Obtuvo un doctorado en literatura latinoamericana y estudios culturales de la Universidad de Pittsburgh y una maestría en español de la Universidad de Vanderbilt. Su investigación académica se enfoca principalmente en la literatura indígena contemporánea bajo una perspectiva interamericana y ha publicado en la *Revista de Estudios Bolivianos* y la *Revista Canadiense de Estudios Hispánicos*, entre otras. Actualmente prepara un manuscrito sobre las intersecciones entre lo político y lo poético en movimientos indígenas de revitalización cultural a lo largo de las últimas tres décadas.

JORGE CORONADO dicta cursos sobre literaturas y culturas andinas y latinoamericanas en Northwestern University. Es el co-director del Andean Cultures and Histories Working Group en el Buffett Institute for Global Studies de esa universidad.

CAROLINE GARRIOTT estudió su maestría de historia en el Programa de Estudios Andinos de la Universidad Pontificia Católica del Perú con una tesis sobre mecenas indígenas en la pintura virreinal peruana. Actualmente es estudiante de doctorado en el Departamento de Historia de Duke University. En 2014–2015 fue galardonada con la beca Fulbright-Hays para realizar su investigación en archivos, museos y bibliotecas en Brasil, el Perú, Portugal y España y, en 2016–2017, con la beca Charlotte W. Newcombe para terminar su tesis doctoral *Coloring the Sacred: Art and Devotion in Colonial Peru and Brasil*. Este proyecto analiza, desde una perspectiva transatlántica, la intersección entre imágenes de santos y el discurso imperial sobre la limpieza de sangre y la esclavitud.

ELIZABETH MONASTERIOS PÉREZ es catedrática de Estudios Andinos y Literatura latinoamericana en el Departamento de Lenguas y Literaturas Hispánicas de la Universidad de Pittsburgh y catedrática invitada en el Posgrado en Literatura Boliviana y Latinoamericana de la Universidad Mayor de San Andrés (UMSA) en La Paz. Monasterios es co-editora del *Bolivian Studies Journal,* miembra-fundadora de las Jornadas Andinas de Literatura Latinoamericana (JALLA), y ha participado como editora y colaboradora en distintos proyectos de investigación: *Colección 15 novelas fundacionales de la literatura boliviana* (Ministerio de Culturas, UMSA & Plural Editores, 2012); *Estudios transatlánticos postcoloniales* (Anthropos, 2010); *A Historical Companion to Postcolonial Literatures in Continental Europe and its Empires* (Edinburgh UP, 2008), *A Companion to Latin America Literature and Culture* (Blackwell, 2008); y *Literary Cultures of Latin America. A Comparative History* (OUP, 2004). Su último libro es *La vanguardia plebeya del Titikaka. Gamaliel Churata y otras beligerancias estéticas en los Andes* (IFEA & Plural Editores, 2015).

www.ingramcontent.com/pod-product-compliance
Lightning Source LLC
Chambersburg PA
CBHW022010160426
43197CB00007B/363